Walter Ellermann

Das sozialpädagogische Praktikum

Walter Ellermann, Diplompädagoge, Oberstudienrat, ist als Dozent an der Fachschule für Sozialpädagogik in Lübeck tätig.

Walter Ellermann

Das sozialpädagogische Praktikum

4., überarbeitete Auflage

Cornelsen

Weitere Bände aus der Reihe *Sozialpädagogische Praxis*:
Ellermann, Walter: Bildungsarbeit im Kindergarten erfolgreich planen
Thiesen, Peter: Beobachten und Beurteilen in Kindergarten, Hort und Heim
Herausgegeben von Peter Thiesen

Bei Fragen und Anregungen wenden Sie sich bitte an unsere Berater:
Marketing, 14328 Berlin, Cornelsen Service Center,
Servicetelefon 030/89 785 89 29

Weitere Informationen finden Sie im Internet unter:
www.cornelsen.de/fruehe-kindheit

Umschlaggestaltung & Innenlayout: Claudia Adam Graphik-Design, Darmstadt
Technische Umsetzung: Markus Schmitz, Büro für typographische Dienstleistungen, Altenberge
Titelfotografie: Klaus G. Kohn, Braunschweig

4. Auflage 2013

Druck: CPI – Clausen & Bosse, Leck

ISBN 978-3-589-24847-6

Inhalt gedruckt auf säurefreiem Papier
aus nachhaltiger Forstwirtschaft.

Inhalt

Erläuterung der Symbole

Aus der Praxis

Zusammenfassung

Arbeitshilfe

Vorwort des Herausgebers

Das Praktikum ist ein wichtiger und zentraler Bestandteil sozialpädagogischer Ausbildung. Es klärt die Beziehung zwischen Theorie und Praxis und stärkt im Idealfall die Motivation der Studierenden für den Erzieherberuf. Das betreute und angeleitete Praktikum bietet angehenden Erzieherinnen, Sozialpädagogischen Assistentinnen, Sozialassistentinnen und Kinderpflegerinnen ein umfassendes Arbeitstraining und konfrontiert sie zugleich mit der Realität des Berufsalltags. Es ermöglicht das Sammeln von Berufserfahrungen bei gleichzeitiger Überprüfung der Berufseignung für ein bestimmtes sozialpädagogisches Arbeitsfeld.

Im vorliegenden, aus der praktischen Arbeit an einer Fachschule für Sozialpädagogik entstandenen Buch, bereitet Walter Ellermann Praktikantinnen wie Anleiterinnen einfühlsam auf die Wahrnehmung ihrer jeweiligen Rollen vor. Es gelingt ihm, die Perspektive der jeweils anderen (Praktikantin, Anleiterin, Lehrkraft) einzunehmen und zu verdeutlichen. Er zeigt anschaulich und fundiert, wie sich Aufgaben und Probleme innerhalb eines Praktikums erfolgreich lösen lassen. Dabei bedient er sich zahlreicher konkreter Beispiele aus dem Praxisalltag.

Lehrkräfte an den Fachschulen erhalten mit dieser Veröffentlichung geeignetes Unterrichtsmaterial zur gezielten Vorbereitung und Auswertung von Praktika, für alle relevanten sozialpädagogischen Arbeitsfelder vom Kindergarten bis zur Jugendarbeit. Studierenden bietet dieses klar strukturierte Arbeitsbuch neben der Anleitung zum Vorbereiten, Durchführen und Auswerten eines Praktikums umfassende Orientierungshilfen für das Hineinwachsen in das Berufsleben. Angehende Erzieherinnen werden so in die Lage versetzt, ihre eigene Berufsidentität zu entwickeln. Sie erkennen die Bedeutung pädagogischen Handelns und dessen Voraussetzungen, werden befähigt durchdacht zu reflektieren und erlangen Verständnis für die Prozesse sozialpädagogischer Arbeit. Bei der Lektüre dieses Praxisbandes werden die Leserinnen auch erkennen, wie wichtig Kollegialität, gegenseitige Wertschätzung und ein kritisch-wohlwollendes Miteinander für das gute Gelingen eines Praktikums sind. Denn: Anleiterinnen waren Praktikantinnen und Praktikantinnen werden Anleiterinnen. Alle Beteiligten haben die Möglichkeit, die Ausbildungsbedingungen und somit die Qualität des sozialpädagogischen Praktikums zu verbessern. Diese Arbeitshilfe leistet hierzu einen entscheidenden Beitrag.

Peter Thiesen

P. S.: Männer bilden leider noch immer eine Minderheit im sozialpädagogischen Berufsfeld. Deshalb wurde der weiblichen Form der Vorzug gegeben.

Kapitel 1 Warum ein sozialpädagogisches Praktikum?

Motivation

„Ich möchte gern etwas mit Menschen machen!" – Werden angehende Erzieherinnen gefragt, warum sie eine Ausbildung im sozialpädagogischen Bereich anstreben, geben viele diese Antwort. Etwas mit Menschen machen – das klingt nach Leben, nach Abwechslung, nach interessanten neuen Erfahrungen. Im Vordergrund steht der Wunsch, im späteren Beruf mit Menschen in Kontakt zu sein.

Das Bedürfnis nach Austausch mit anderen prädestiniert aber nicht automatisch für einen pädagogischen Beruf. Mit solcherlei Motivation wäre man vielleicht auch gut in einer Arztpraxis oder einem Reisebüro untergebracht! Um zu verdeutlichen, um was es geht: Wenn jemand sagt, er möchte gern etwas mit Tieren machen, möchte er wahrscheinlich nicht als Kürschner arbeiten, sondern es geht ihm um etwas anderes: Vielleicht hat er einen besonderen Kontakt zu Tieren, weiß intuitiv, wie sie angesprochen werden müssen, interessiert sich für deren Pflege und Futterpläne, findet die Unabhängigkeit von Katzen faszinierend oder strebt an, bissige Hunde umzuerziehen ... Kurz gesagt, es gibt viele persönliche Gründe, die die eigene Motivation bestimmen.

Wenn Sie sich bereits in einer sozialpädagogischen Ausbildung befinden oder eine solche anstreben, ist es sinnvoll, dass Sie sich etwas genauer mit der Frage befassen, was für Sie so interessant und reizvoll an der pädagogischen Arbeit mit Kindern oder Jugendlichen ist: Welche Motive sind es, die in dem Wunsch münden, etwas mit Menschen machen zu wollen? Wohin möchte ich Kinder und Jugendliche auf ihrem Weg zum Erwachsenwerden führen? Was möchte ich ihnen mitgeben? Möchte ich Kindern und Jugendlichen dabei helfen, in der sich schnell wandelnden Gesellschaft zu bestehen? Möchte ich die Gesellschaft über pädagogisches Handeln verändern? Die eigenen Motive kritisch zu hinterfragen, bietet zwar keine Gewähr dafür, dass der angestrebte Beruf zur Erfüllung wird, kann jedoch davor schützen, dass er zur Dauerfrustration wird.

Ein Praktikum bietet größere Spielräume als der Ernstfall Beruf. Es kann Ihnen z.B. dabei helfen, sich mit der eigenen *Berufsmotivation* genauer auseinander zu setzen, indem Sie Ihre Vorstellungen an der erlebten Realität überprüfen. In Gesprächen mit der Anleiterin und mit den Lehrern lässt sich vielleicht herausfinden, inwieweit Ihre eigenen Motive Ihr Verhalten beeinflussen und das Verhältnis zu anderen bestimmen. Die eigenen Motive ehrlich anzuschauen, sich selbst kritisch in Frage zu stellen, kann ein anstrengender, aber auch ein vorantreibender Prozess sein.

Vielleicht sind Sie sich über Ihre Berufsmotivation bereits seit langem im Klaren und Sie haben andere Fragen, die Ihren zukünftigen Beruf betreffen. Ein Praktikum stellt ein Angebot dar, Antworten zu bekommen.

Integration von Theorie und Praxis

Treten Sie als Praktikantin innerhalb einer Ausbildung eine Stelle an oder sollen Sie als Anleiterin eine Praktikantin betreuen, werden Sie mit dem Anspruch konfrontiert, *Theorie und Praxis* miteinander in Berührung zu bringen, sie im Idealfall sogar *zusammenzuführen*. Als Anleiterin erwarten Sie von dem Kontakt mit der Ausbildungsstelle vielleicht neue Impulse für Ihre Arbeit, als Praktikantin möchten Sie endlich Ihr bisher erworbenes Wissen anwenden. Schließlich versteht man gemeinhin unter einem Praktikum die Anwendung theoretischer Kenntnisse in der Praxis. Die praktische Tätigkeit ist aus dieser Sicht dann die Anwendung von Kenntnissen aus dem Bereich Methodik, die Methodik ist angewandte Pädagogik, die Pädagogik angewandte Psychologie usw. – man fragt sich, wer am Ende wen anwendet! Dahinter steckt das Bild einer Theorie, die über der Praxis schwebt und die Praxis bestimmen möchte. Glücklicherweise sind die Erfahrungen im Praktikum viel lebendiger und auch viel komplexer, als dass sie mit einer derartigen Anwendungslinie angemessen erfasst werden könnten.

Das Verhältnis von Theorie und Praxis muss also anders bestimmt werden, es muss partnerschaftlicher werden. Als Begriffe sind Theorie und Praxis schon lange ein Paar voller Gegensätze: Wer möchte gern ein Theoretiker sein? Fehlt ihm nicht die Bodenhaftung, der Sinn für die Wirklichkeit? Das Ursprungswort (gr. lat. *theoria*) bedeutet Zuschauer. Kann man im Leben etwas bewirken, indem man zuschaut? Praxis dagegen ist Tätigkeit, Machen. Der Praktiker (gr. *prassein* – tun, vollbringen) gewinnt aus tätiger Auseinandersetzung mit der Wirklichkeit seine Lebenserfahrung. Aber ohne Theorie fehlt dem „Macher" der Sinn seiner Arbeit, fehlt ihm das Ziel, die Verbindung zum großen Ganzen. Die Theorie hilft ihm, seine Arbeit aus einer kritischen Distanz heraus zu planen, zu strukturieren und zu beurteilen.

Praxis und Theorie sollten als gleichberechtigtes Paar betrachtet werden, bei dem kein Teil ohne den anderen auskommt. Nichts kann bekanntlich praktischer sein als eine gute Theorie, aber auch die Praxis wirkt fruchtbar auf die Theorie zurück. In vielen schulischen Ausbildungsstätten werden daher durch gemeinsame Projekte mit sozialpädagogischen Einrichtungen und durch praxisorientierte Ausbildungsinhalte praxisrelevante Fähigkeiten und Fertigkeiten eingeübt.

Für Sie als Praktikantin bedeutet die Verbindung von Theorie und Praxis zweierlei: Zum einen berücksichtigen Sie nach Möglichkeit bei der praktischen Arbeit Theorien (das sind in der Regel alle Ausbildungsinhalte), über die Sie bereits verfügen. Wer gut ist in der Praxis, hat auch einen Hintergrund, einen Bezugspunkt, der als Maßstab für die Beurteilung der eigenen Arbeit dienen kann. Das heißt, die Haltung „Ich bin eine gute Praktikerin, ich brauche keine Theorie" gilt nicht. Zum anderen eröffnen Ihnen die praktischen Erfahrungen die Chance, neue Erkenntnisse und Einsichten zu gewinnen. Das heißt „Ich bin gut in der Theorie, ich brauche keine Praxis" gilt ebenfalls nicht.

Wissenschaftlich oder theoretisch ausgedrückt: Die Praktikantin braucht zum einen *Kompetenz*, damit ist das Arbeitsfeld berührendes Sachwissen gemeint, die eigenen kognitiven Fähigkeiten, aber auch besondere emotionale und soziale Qualitäten. Zum anderen braucht sie *Performanz*, das ist das Können, die Fertigkeit – das systematische und kontrollierte Handeln. Vor allem aber braucht sie die Fähigkeit zur *Reflexion*, denn Reflexion ist der aktive und oft sehr mühsame Prozess, in dem Theorie und Praxis miteinander verbunden werden.

Welche Ausbildungsinhalte bei der Bewältigung von Praxis besonders hilfreich waren und welche Praxiserfahrungen auf eigene Alltagstheorien, Einstellungen und gelerntes Wissen zurückwirken, lässt sich häufig erst nach dem Praktikum aus einer gewissen Distanz heraus feststellen.

Formen des Praktikums

Das Spektrum sozialpädagogischer Ausbildungsstätten ist in Deutschland breit angelegt. Es reicht von der Berufsfachschule über die Fachschule bis hin zur Fachhochschule und Universität. Die hier genannten Praktika sind in unterschiedlicher Weise an Schule oder schulische Ausbildungsgänge geknüpft.

Praktika können der allgemeinen Orientierung dienen oder speziellere Aufgaben beinhalten. In sozialpädagogischen Ausbildungsgängen sind ein oder mehrere Praktika fast immer Bestandteil der fachpraktischen Ausbildung. Die Vorgaben der Bildungseinrichtungen müssen von der Praktikantin genau erfragt und beachtet werden.

- Das **Berufserkundungspraktikum** oder „Schnupperpraktikum" soll Schülern, die sich noch nicht für eine bestimmte Berufsausbildung entschieden haben, die Möglichkeit bieten, einen ersten Einblick in ein sozialpädagogisches Tätigkeitsfeld zu bekommen. Es kann sich dabei z.B. um Schüler handeln, die verschiedene Berufsfelder kennen lernen möchten, um Berufsfachschüler, die sich noch nicht endgültig für eine Fachrichtung entschieden haben oder um Gymnasiasten, die eventuell das Fach Sozialpädagogik studieren möchten. Es sollte von Schulen und aufnehmenden Institutionen beachtet werden, dass nur Menschen, die ein echtes Interesse für das Tätigkeitsfeld mitbringen, in die Einrichtungen kommen. Niemand sollte dazu gezwungen werden. Eine Situation, die durch Desinteresse oder Gleichgültigkeit geprägt wird, sollte weder den Kindern oder Jugendlichen noch den Mitarbeiterinnen und auch nicht den Praktikantinnen selbst zugemutet werden.
- Das **Vorpraktikum** ist ein Pflichtpraktikum, das vor der Aufnahme einer sozialpädagogischen Ausbildung absolviert wird und der Berufsfindung dient.

- Das **Schulpraktikum** ist an Berufsfachschulen und Fachschulen Bestandteil der Ausbildung für die Arbeit in unterschiedlichen sozialpädagogischen Tätigkeitsfeldern. Das Schulpraktikum kann die Möglichkeit bieten, sich in einem sozialpädagogischen Praxisfeld zu orientieren, die eigene Berufsrolle zu überprüfen und zu finden, die Kinder oder Jugendlichen in ihrer Welt zu verstehen, theoretische Kenntnisse und praktische Erfahrungen miteinander zu verbinden und berufliche Handlungsmöglichkeiten zu nutzen und zu reflektieren.
- Das **Berufspraktikum** oder ein Anerkennungsjahr wird in einer zweiphasigen Ausbildung verlangt. Das Berufspraktikum setzt eine erfolgreich abgeschlossene theoretische Prüfung voraus und führt zum Erwerb der staatlichen Anerkennung, z. B. als Erzieherin. Das Berufspraktikum soll den Übergang von der schulischen Ausbildung zur selbstständig und verantwortlich zu leistenden Berufsarbeit erleichtern, indem die während der Ausbildung erworbenen Kenntnisse und Fertigkeiten angewendet und vertieft werden.

Die Ausbildungs- und Prüfungsordnungen, die den Praktika zu Grunde liegen, sind auf Grund der Kulturhoheit der Länder von Bundesland zu Bundesland unterschiedlich. Es besteht die Tendenz zu einphasigen Ausbildungsgängen, das heißt, dass die Praktika, die einer Ausbildung bisher voran- oder nachgestellt wurden, während der Ausbildung stattfinden. Dadurch wird eine engere Verzahnung von Theorie und Praxis ermöglicht, Theorie- und Praxisblöcke wechseln einander ab.

Praktika können als *Tagespraxis* oder in Form eines *Blockpraktikums* angeboten werden. Bei der Tagespraxis wird eine sozialpädagogische Einrichtung an einem bestimmten Tag in der Woche besucht, an den anderen Tagen findet Unterricht in der Schule oder im Seminar statt. Das Blockpraktikum bietet die Möglichkeit, die Praxisstelle über einen Zeitraum von mehreren Wochen oder auch Monaten zu besuchen. Der Vorteil der Tagespraxis liegt in einer kontinuierlichen Begleitung der praktischen Ausbildung durch die schulische Ausbildungsstätte. Die praktischen Erfahrungen können regelmäßig mit anderen Praktikantinnen und Lehrkräften reflektiert werden. Der Vorteil des Blockpraktikums liegt darin, dass der Kontakt zu den Kindern und Mitarbeiterinnen der Einrichtung nicht immer wieder abreißt, sondern dass eine beständige Mitarbeit gewährleistet wird. Kurze Blockpraktika machen wenig Sinn, da es Zeit braucht, eine Beziehung zu Kindern oder Jugendlichen aufzubauen.

Weiterhin kann ein Praktikum als *Methodenpraktikum* organisiert sein, in dem bestimmte sozialpädagogische Tätigkeiten ausgeführt werden oder es kann als *Projektpraktikum* angelegt sein, in dem praktische Tätigkeiten nach Absprache in einem selbst gewählten Projekt eingeübt werden.

Ziele

Praktika nehmen Berufserfahrung vorweg und ermöglichen eine zunehmende Professionalisierung. Im pädagogischen Feld wird kein „Material" bearbeitet, sondern es finden lebendige Begegnungen zwischen Menschen statt, die es in zunehmendem Maße bewusst zu gestalten gilt. Eine behutsame Heranführung, die das persönliche Wachstum mit berücksichtigt, ist für den Aufbau einer positiven beruflichen Identität notwendig.

Die Anforderungen, die im jeweiligen Praktikum an die Praktikantin gerichtet werden, müssen daher gestaffelt werden. Ein erstes Schnuppern ist etwas anderes als professionelles Handeln im pädagogischen Alltag. Beispiel für die Staffelung von Praktika:

Bei einem Praktikum, in dem es um die *Erkundung* des pädagogischen Praxisfeldes geht, können folgende Ziele im Vordergrund stehen:

- Die Beobachtung und Beschreibung von Personen und Situationen
- Die Beschreibung einer sozialpädagogischen Institution und ihrer Arbeitsweise
- Die Bedingungen erkunden, unter denen die Arbeit stattfindet
- Der Aufbau eines pädagogischen Verhältnisses
- Teilaufgaben unter Anleitung wahrnehmen
- Die eigene Rolle wahrnehmen, sich darin erproben und in ersten Ansätzen reflektieren
- Die eigene Berufsmotivation überprüfen.

Ein Praktikum, das die *Entwicklung und Einübung* pädagogischen Handelns beinhaltet, kann neben den bereits genannten auch weitergehende Ziele verfolgen:

- Die Anwendung grundlegender Methoden sozialpädagogischer Arbeit
- Anregungen aufnehmen und im Arbeitsfeld kooperieren
- Selbst initiativ werden
- Die Ableitung von Zielen aus Bedingungen/Situationen
- Das systematische pädagogische Handeln
- Die Begründung und Reflexion des eigenen Handelns
- Das Erkennen von eigenen Stärken und Schwächen.

Das Praktikum, das der *Vertiefung und Erweiterung* eigener Kompetenzen dient, sollte höheren Ansprüchen genügen. Mögliche Ziele sind:

- Das bewusste Herstellen pädagogischer Beziehungen
- Vertiefung der planerischen Kompetenz
- Das Vertreten und Begründen eigener Standpunkte
- Die eigenverantwortliche Durchführung von Vorhaben oder Projekten
- Die Mitarbeit an Erziehungsplänen und Entwicklungsberichten
- Außenkontakte und Öffentlichkeitsarbeit mittragen
- Umfassende Selbstreflexion
- Die aktive Mitarbeit im Team
- Die Mitarbeit an Konzeptionen.

Die Praktikantin muss sich darüber informieren, welche Ziele durch die jeweilige Ausbildungsordnung vorgegeben sind und bespricht diese mit der Anleiterin oder der betreuenden Lehrkraft. Die genannten Zielsetzungen dienen nur einer allgemeinen Orientierung. Die genauere Zielsetzung, die im Praktikum angestrebt wird, sollte gemeinsam von Praktikantin, Anleiterin und betreuender Lehrkraft entwickelt und individuell auf die Praktikantin abgestimmt werden (vgl. Kapitel 5).

Bevor Sie sich jedoch mit den Erwartungen und Zielvorstellungen befassen, die andere Personen stellvertretend für Sie an das Praktikum knüpfen, machen Sie sich ihre *eigenen Erwartungen* bewusst: Ein erster Schritt kann darin bestehen, sich die Gründe klar zu machen, warum das Praktikum stattfinden soll: Welche Visionen habe ich? Was möchte ich erreichen? Sind es ureigene Motive, die mich bewegen oder fühle ich mich fremdbestimmt? Worauf freue ich mich? Gibt es etwas, das mir Sorgen bereitet?

Zusammenfassung

Ein Praktikum kann dabei helfen, die eigene **Berufsmotivation** genauer zu prüfen. **Theorie und Praxis** stehen im Praktikum in einer Wechselwirkung zueinander. **Kompetenz** und **Performanz** und die Fähigkeit zur **Reflexion** sind Voraussetzungen, um Theorie und Praxis miteinander zu verbinden. Berufserkundungspraktikum, Vorpraktikum, Schulpraktikum oder Berufspraktikum stellen unterschiedliche Formen eines Praktikums dar. Praktika können als Tagespraxis, Blockpraktikum, Methodenpraktikum oder Projektpraktikum organisiert sein. **Ziele und Anforderungen** von Praktika sind sehr unterschiedlich. Wichtig sind die **Erwartungen**, die die Praktikantin selbst an das Praktikum richtet.

Arbeitshilfe: Ein Brief an mich selbst

Schreiben Sie vor Antritt des Praktikums einen Brief, wie Sie ihn vielleicht einer guten Freundin oder einem Freund schreiben würden. Teilen Sie darin ihre Hoffnungen, Befürchtungen, Freuden und Unsicherheiten, aber auch ihre Erwartungen und Motive mit. Verschließen Sie ihn mit einem Siegel und heben Sie ihn gut auf. Nur Sie selbst werden ihn lesen, vielleicht gibt er ihnen zum Ende des Praktikums wichtige Aufschlüsse über Ihre Entwicklung.

Brief an mich selbst

Liebe Nadine,

Du wunderst dich bestimmt, von mir einen Brief zu erhalten. Es beschäftigt mich im Augenblick sehr, wie meine nähere Zukunft aussehen wird ...

Kapitel 2
Praxisstellen suchen und finden

Die Suche nach einem Praktikumsplatz

Viele sozialpädagogische Ausbildungsstätten überlassen es den Praktikantinnen selbst, sich eine Einrichtung zu suchen, in der das Praktikum abgeleistet werden kann. Im Gegensatz zu einer zentralen Vergabe der Praktikumsplätze hat das den Vorteil, dass Sie Ihre eigenen Wünsche und Vorstellungen besser einbringen können. Das Gleiche gilt für die aufnehmende Einrichtung, die sich bei der ersten Kontaktaufnahme ein eigenes Bild von der zukünftigen potenziellen Mitarbeiterin machen kann.

Stellt die schulische Ausbildungsstätte keine Liste mit regionalen Einrichtungen zur Verfügung, die Praktikantinnen aufnehmen, bleibt Ihnen die Nachforschung auf dem freien Markt nicht erspart. Die Suche nach einer geeigneten Praktikumsstelle kann mit einigen Mühen verbunden sein: Stellenanzeigen für Praktikantinnen findet man nur gelegentlich in der Lokalzeitung. *Träger* bieten z.T. unter ihrer eigenen Internetadresse Praktikumstellen an. Praktikumsgesuche können bei unterschiedlichen Anbietern ins Netz gestellt werden. Erschwert wird die Orientierung häufig dadurch, dass die gesuchte Stelle sich unter vielen verschiedenen Namen verbirgt.

Möchte jemand das Praktikum in einem Kindergarten absolvieren, bringt die Eingabe dieses Begriffs in eine Suchmaschine oft nur wenige konkrete Ergebnisse. Mehr Erfolg bringt der Eintrag *Kindertagesstätten* oder *Kindertageseinrichtungen*. Unter diesen Begriffen findet sich häufig auch eine Auflistung im örtlichen Telefonbuch. Blättert man etwas weiter, kann man auch unter „Kirchen“ Einrichtungen finden – einige Kindergärten sind den einzelnen Kirchengemeinden zugeordnet. Vollständig ist die Liste möglicher Praktikumstellen damit noch nicht. Städtische oder kommunale Kindergärten findet man unter „Stadtverwaltung“ oder „Gemeindeverwaltung“. Bleiben noch die Einrichtungen, die weder in städtischer noch in kirchlicher Trägerschaft sind: Neben den Kirchen gibt es eine Reihe weiterer freier Träger wie z.B. Vereine oder auch Betriebe. Viele Eltern haben sich in Initiativen zusammengeschlossen und eigene Kindergruppen gegründet. Manchmal haben sie sich fantasievolle Namen wie „Kleine Strolche“ oder „Grauer Esel“ gegeben. Anschriften, Telefonnummern und E-Mail-Adressen dieser Einrichtungen findet man in der Regel über die Homepage des örtlichen Jugendamts. Jugendämter geben gelegentlich auch Broschüren heraus, in denen unter der Rubrik „Kindertagesstätten“, „Tageseinrichtungen für Kinder“ oder „Tagesbetreuung für Kinder“ alle Kindergärten im Einzugsbereich des Jugendamtes aufgeführt sind. Die Listen sind zwar zur Orientierung für Eltern gedacht, die für ihr Kind einen Kindergartenplatz suchen, sie sind aber auch für angehende Praktikantinnen nützlich, die sich einen Überblick über die Einrichtungen in der eigenen Wohngegend verschaffen wollen.

Jugendzentren, Jugendhilfeeinrichtungen oder *Einrichtungen für Menschen mit Behinderungen* findet man oft über deren Träger: Träger der öffentlichen Jugendhilfe sind die jeweiligen Städte, Kreise, Länder oder Landschaftsverbände (NW), Träger der freien Jugendhilfe sind die Kirchen und ihre Vereinigungen (z. B. Caritasverband oder Diakonisches Werk), Wohlfahrtsverbände (z. B. Arbeiterwohlfahrt, Der Paritätische Wohlfahrtsverband, Bundesarbeitsgemeinschaft der freien Wohlfahrtspflege oder Das Deutsche Rote Kreuz), auf regionaler Ebene aber auch viele kleinere gemeinnützige Vereine oder Stiftungen. Erkundigen Sie sich danach bei Ihrer schulischen Ausbildungsstätte.

Arbeitsfelder

Wer sich mit Sozialpädagogik befasst, begibt sich auf ein weites Feld. Erziehung findet in unserer sich rasant wandelnden Gesellschaft schon lange nicht mehr nur in der Familie oder der Schule statt. Außerhalb dieser traditionellen Erziehungsinstitutionen gibt es ein breites Spektrum an Einrichtungen für Kinder und Jugendliche. Hinzu kommen sozialpädagogische Hilfsangebote für Erwachsene und Familien.

Der Wandel wird deutlich an den Veränderungen, die das *Berufsbild der Erzieherin* in den letzten Jahrzehnten erfahren hat: In den 70er-Jahren wurde die klassische Kindergärtnerin in Westdeutschland nicht nur sprachlich durch die Erzieherin abgelöst: Auf der Grundlage einer sehr praxisorientierten Ausbildung arbeiten Erzieherinnen heute nicht nur in Tageseinrichtungen für Kinder (in Krippen, Kindergärten, Tagesstätten, Horten), sondern auch in der offenen Kinder- und Jugendarbeit (in Jugendfreizeiteinrichtungen, sozialpädagogisch betreuten Spielplätzen oder in Kinder- und Jugendprojekten wie dem Spielmobil), in der Jugendsozialarbeit (in berufsbegleitenden Ausbildungsangeboten, in Jugendwohnheimen, in Projekten zur Betreuung von Jugendlichen mit Migrationshintergrund), im Bereich der Hilfen zur Erziehung (in der sozialpädagogischen Familienhilfe, in Tagesgruppen, Jugendwohngemeinschaften, in der sozialpädagogischen Einzelbetreuung, in betreuten Wohnformen, Heimen, in der sozialen Gruppenarbeit), aber auch in Förderzentren, in Internaten, Kurheimen, Kinderkrankenhäusern, betreuten Grundschulen, in Einrichtungen für Menschen mit Behinderungen oder in der Kinder- und Jugendpsychiatrie. Eine Fülle an Möglichkeiten, die sich nicht vollständig aufzählen lassen.

Sofern von der Ausbildungsstätte keine Einschränkungen oder Spezialisierungen vorgegeben sind, kommen für angehende Erzieherinnen grundsätzlich alle Einrichtungen in diesen Arbeitsfeldern als Praktikumstellen in Frage. Eine Voraussetzung ist immer, dass in den Einrichtungen professionell Erziehung stattfindet, d.h. dass dort ausgebildete pädagogische Fachkräfte arbeiten, die eine qualifizierte Anleitung übernehmen können.

Welcher Deckel passt zu welchem Topf?

Bei der Auswahl einer Praxisstelle spielt der jeweilige *Hintergrund der Einrichtung* eine wichtige Rolle. Sozialpädagogische Einrichtungen haben einen *Auftrag* und entwickeln für die jeweilige Klientel bestimmte Zielvorstellungen. Informieren Sie sich daher über den Träger und die *Aufgaben der Einrichtung.* Entscheiden Sie sich z.B. für die Arbeit in einem kirchlichen Kindergarten, sollten Sie auch die Bereitschaft mitbringen, bei der Vorbereitung kirchlicher Feste mitzuwirken oder religiöse Bilderbücher einzusetzen. Wer Interesse am Einsatz von neuen Medien oder Computern im Kindergarten hat, sollte eher den Betriebskindergarten einer Computerfirma als einen Waldorfkindergarten als Einsatzort wählen.

Pädagogisches Handeln ist zielgerichtet und an Wertvorstellungen und Haltungen gebunden. Dabei spielen nicht nur die Wertvorstellungen des einzelnen Pädagogen eine Rolle, sondern auch die der Institution selbst. Öffentliche und freie Träger der Jugendhilfe haben gleichermaßen als Basis die Grundwerte unseres politischen Systems. Freie Träger versuchen darüber hinaus ein eigenes Profil zu entwickeln, sie verfolgen zum Teil bestimmte Tendenzen, die in den Konzeptionen zum Ausdruck gebracht werden und sich in der praktischen Arbeit widerspiegeln.

Auch wenn eine Grundübereinstimmung mit den Wertvorstellungen des Trägers vorhanden ist, sollten Sie nicht nur auf Bekanntes und Altvertrautes bauen. Der Kindergarten, den ich selbst schon als Kind besucht habe, garantiert nicht automatisch ein erfolgreiches Praktikum. Haben Sie in einer Einrichtung oder in einem Arbeitsfeld positive Erfahrungen gemacht, eröffnet die gewonnene Sicherheit die Möglichkeit, sich auf etwas Neues einzulassen. Sie werden wahrscheinlich die Erfahrung machen, dass es aufregend ist, sich in ein neues Feld zu begeben, das zunächst fremd erscheint, durch die Begegnung mit anderen Menschen aber immer vertrauter wird, bis man sich gar nicht mehr vorstellen kann, jemals Berührungsängste gehabt zu haben. Sind in einem Ausbildungsgang mehrere Praktika abzuleisten, müssen diese oft in unterschiedlichen Einrichtungen und Einsatzfeldern abgeleistet werden. Für die Praktikantin ist dadurch mit jedem Praktikum die Aufgabe verbunden, sich auf neue Menschen und Bedingungen einzustellen. Flexibilität gehört zu den wichtigsten Eigenschaften im sozialpädagogischen Berufsleben.

Kontaktaufnahme

Ist eine Einrichtung gefunden, die für ein Praktikum in Frage kommt, empfiehlt es sich, eine Anfrage per E-Mail zu senden oder direkt dort anzurufen und mit der Leiterin/dem Leiter zu sprechen. Wichtige *Grundinformationen* sollte die Praktikantin für dieses Gespräch bereithaben. Dazu gehören

- Der Name der schulischen Ausbildungsstätte
- Vorgaben zum Einsatzgebiet: Muss das Praktikum in einem bestimmten Arbeitsfeld (z. B. Kindergarten, Hort, Jugendarbeit, Heimerziehung) abgeleistet werden?
- Das angestrebte Ausbildungsziel (genaue Bezeichnung des künftigen Berufes)
- Beginn und Ende des Praktikums.

Besteht grundsätzlich die Bereitschaft, für den angegebenen Zeitraum eine Praktikantin zu nehmen, sollte man um einen Vorstellungstermin bitten. Da Leiter/innen von sozialpädagogischen Einrichtungen viel beschäftigte Menschen sind, kann es sein, dass das Vorstellungsgespräch nicht gleich am nächsten Tag stattfinden kann. Manche möchten auch erst Rücksprache mit dem Team halten.

Viele Ausbildungsstätten ermöglichen es, einen halben oder ganzen Tag in einer Einrichtung zu *hospitieren*, bevor man sich „offiziell“ um eine Praktikumsstelle bewirbt. Es ist sinnvoll, die Einrichtung zunächst zu beschnuppern. Holen Sie unverbindlich Informationen ein und vereinbaren Sie rechtzeitig einen Hospitationstag, bevor Sie eine endgültige Entscheidung über die Bewerbung als Praktikantin treffen. Verschaffen Sie sich Ihren eigenen Eindruck über das Betriebsklima, die Arbeitsbedingungen und die Qualität der Anleitung. Falls Sie sich nach einem ersten Kontakt für eine andere Stelle entschieden haben, vergessen Sie nicht, sich bei der Einrichtung wieder zu melden, um Ihre Absage mitzuteilen.

Bei längeren Praktika, z. B. bei Berufspraktika, ist es üblich, dass die Bewerbung schriftlich erfolgt. Da manche Träger Berufspraktikantinnen nur zu bestimmten Terminen einstellen, ist der Zeitraum für das Auswahlverfahren von vornherein festgelegt. In einigen Fällen werden die Bewerbungen zentral über den Träger gesammelt. Aber auch in diesen Fällen kann eine Voranfrage per Telefon oder E-Mail in der gewünschten Einsatzstelle nützlich sein. Sie sollte dann mit der Frage nach den erforderlichen *Bewerbungsunterlagen* verbunden werden. In der Regel werden folgende Unterlagen angefordert:

- Ein Bewerbungsschreiben
- Ein Lebenslauf mit Lichtbild.

Zusätzlich können weitere Unterlagen verlangt werden:

- Beglaubigte Kopien von Zeugnissen, Prüfungen oder bisher abgeleisteten Tätigkeiten
- Ärztliche Bescheinigung, dass keine ansteckenden Krankheiten vorliegen
- Ein polizeiliches Führungszeugnis
- Ein ausgefüllter Personalfragebogen (Formular wird von der Praxisstelle ausgehändigt)
- Ein Leumundszeugnis des örtlichen Pfarrers (gelegentlich bei kirchlichen Einrichtungen).

Kommt es zu einem *Vorstellungsgespräch*, sollten Sie sich unbedingt darauf *vorbereiten*! Der Sinn eines Vorstellungsgespräches liegt nicht darin, dass sich eine Bewerberin ausschließlich den Fragen der Leiterin oder eines/r anderen Vertreters/in des Trägers stellt. Es geht darum, die künftige Praxisstelle möglichst gut kennen zu lernen. Die Praktikantin kann Eigeninitiative und Interesse zeigen, indem sie Fragen zur Institution und zur pädagogischen Arbeit formuliert.

Keine Einrichtung ist wie die andere. Die meisten Einrichtungen verfügen über eine schriftliche Konzeption, die grundlegende Informationen enthält und eine wertvolle Hilfe bei der Bewältigung schriftlicher Aufgaben sein kann.

Die Praktikantin sollte bei einem Gespräch mit der Frage rechnen, warum sie gerade in dieser Einrichtung ihr Praktikum ableisten möchte und welche eigenen Vorstellungen sie von der künftigen Arbeit hat. Sie muss bei der Antwort dann den Balanceakt bewältigen, auf der einen Seite eigene Erwartungen klar zu äußern, auf der anderen Seite jedoch große Offenheit für die künftigen Aufgaben zu signalisieren. Hilfreich kann es sein, sich eine Liste mit möglichen Fragen zu erstellen, auf die man im Gespräch aus dem Gedächtnis heraus zurückgreifen kann. Befindet man sich in einer Ausbildungsgruppe, lässt sich das Vorstellungsgespräch auch im Rollenspiel üben.

Wesentliche Grundlage für ein erfolgreiches Praktikum ist eine gute Zusammenarbeit zwischen den Ausbildungsorten Schule und Praxisstelle. Damit die Praxisstelle durch die ausbildende Schule genehmigt werden kann, müssen von der Praktikantin in der Regel Basisinformationen über den Träger, die Anschrift, Arbeitsschwerpunkte, Größe, Öffnungszeiten, die vorgesehene Anleiterin und deren Qualifikation eingeholt werden. Daneben können Einrichtungen, die Praktikantinnen aufnehmen möchten, an Ausbildungsschulen herantreten und mitteilen, über welche Ausbildungskapazitäten sie qualitativ und quantitativ verfügen. In vielen Schulen werden Informationen über Einrichtungen gesammelt, die besondere Ausbildungsmöglichkeiten bieten. Sinnvoll sind auch Arbeitsgemeinschaften, die so aufgebaut sind, dass von der Lehrkraft betreute Praktikantinnen sich wechselseitig besuchen, um ihre Einrichtungen vorzustellen und spezifische Probleme der Arbeit vor Ort zu besprechen.

Voraussetzung für eine gelungene Kooperation ist die Versorgung der Praxisstellen mit Informationen zum Praktikum durch die Schule. Das sollte durch ein *Begleitschreiben* zum jeweiligen Praktikum geschehen, das an die Praxisstellen im Einzugsgebiet einer Schule verschickt wird oder das den Praktikantinnen als Informationsblatt für die Praxisstellen mitgegeben wird. Es kann die bereits genannten Grundinformationen zum Praktikum enthalten und auf weitergehende Fragen eingehen:

- Wie wurden die Praktikantinnen von der Schule auf das Praktikum vorbereitet?
- Welche Ziele werden durch das Praktikum verfolgt?
- Wie viele Stunden soll die tägliche Arbeitszeit der Praktikantin betragen?
- Welche Regelungen gelten im Krankheitsfall?
- Ist ein Versicherungsschutz durch die Schule gewährleistet?
- Hat eine dem Infektionsschutzgesetz entsprechende Belehrung stattgefunden?
- Welche praktischen Aufgaben sollte die Praktikantin übernehmen?
- Welche schriftlichen Aufgaben muss die Praktikantin erfüllen?
- Wer hat Einsicht in die Arbeiten, wer beurteilt sie?
- Welche Aufgaben hat die Praxisanleiterin?
- An wen kann sich die Praxisstelle bei auftretenden Fragen/Problemen wenden? (Name, Telefonnummer/E-Mail-Adresse der Kontaktperson)
- In welcher Form und wie häufig wird die Praktikantin während des Praktikums von einem Lehrer der ausbildenden Schule besucht?

- Wie wird das Praktikum ausgewertet? Findet eine Zwischenauswertung in der Schule statt?
- Wird die Leistung der Praktikantin während des Praktikums beurteilt? Wenn ja, durch wen und in welcher Form?

Zusammenfassung

Das sozialpädagogische Arbeitsfeld umfasst ein breites Spektrum an Möglichkeiten. Bei der **Auswahl** einer Praxisstelle müssen der Auftrag und der Hintergrund der Einrichtung beachtet werden. Ein Praktikum bietet die Chance, neue Erfahrungen zu machen. Bei der **Kontaktaufnahme** werden Grundinformationen über das jeweilige Praktikum weitergegeben. Die Praktikantin sollte nach Möglichkeit einen **Hospitationstag** vereinbaren und klären, ob eine schriftliche **Bewerbung** notwendig ist. Ein **Vorstellungsgespräch** erfordert eine gründliche Vorbereitung.

Arbeitshilfe: Startbericht

Die Informationen, die Sie zu Beginn des Praktikums einholen, benötigen eine Struktur. Achten Sie auf die genaue Bezeichnung der Einrichtung und anonymisieren Sie Angaben über Kinder oder Jugendliche. Ergebnis kann ein Startbericht sein, der der Ausbildungsstätte vorgelegt werden kann. Die Gliederungspunkte sind Vorschläge und auf die jeweilige Einrichtung abzustimmen. Die Besonderheit der Einrichtung sollte im Startbericht beschrieben werden, die aktuellen Schwerpunkte der praktischen Arbeit können je nach Einsatzgebiet sehr unterschiedlich sein. Falls die Praktikantin nicht mit Gruppen arbeitet, kann auch die Arbeit mit Einzelnen dargestellt werden. Schwerpunkt ist die Beschreibung der Einrichtung. Die pädagogische Situation und daraus abzuleitende Zielsetzungen werden erst im weiteren Verlauf des Praktikums deutlicher erkennbar.

Startbericht

Angaben zur Person:
- Name
- Klasse/Seminar

Angaben zur Praxisstelle:
- Einrichtungsart (z. B. Kindertagesstätte)
- Träger
- Name der Einrichtung
- Anschrift/Telefon
- Name des Leiters/der Leiterin
- Name des Anleiters/der Anleiterin
- Qualifikation des Anleiters/der Anleiterin
- Aufgabe der Einrichtung (vgl. Konzeption)
- Klientenkreis/Zielgruppe (evtl. Anzahl und Art der Gruppen)
- Schwerpunkte der praktischen Arbeit
- Einzugsbereich
- Räumlichkeiten (evtl. Skizze zu Gruppenraum und Ausstattung anfertigen)
- Personal
- Öffnungszeiten
- Besonderheiten der Einrichtung
- Beschreibung der Gruppe (z. B. Gruppengröße, Zusammensetzung nach Alter/Geschlecht, Gruppenregeln, Tagesablauf, pädagogische Situation)
- Einsatzgebiete der Praktikantin, Arbeitszeit

Angaben zur Planung der Orientierungsphase:
- Vorstellungen zum Kennenlernen der Einrichtung und zur Kontaktaufnahme.
- Erwartungen seitens der Einrichtung und erste eigene Erwartungen und Zielsetzungen (z. B. bezogen auf die Kinder, die Mitarbeiter, die Bildungs- und Erziehungsarbeit, die Elternarbeit, die eigene Person)

Kapitel 3
Sich orientieren und einleben

Der erste Tag

Haben Sie eine Praktikumsstelle gefunden, die Ihnen zusagt, werden Sie wahrscheinlich voll Vorfreude und Neugier auf die neue Aufgabe blicken. Manchmal wird der Einstieg in ein neues Arbeitsfeld von Praktikantinnen aber auch mit einem „Sprung ins eiskalte Wasser!" beschrieben. Selbst wer in bester Absicht am ersten Tag des Praktikums ein neues Terrain betritt, muss manchmal Gefühle von Unsicherheit, Angst und Hilflosigkeit ertragen. Die eigene Berufsmotivation ist vielleicht noch nicht endgültig geklärt, das Arbeitsfeld erscheint zunächst unüberschaubar, und die Ausbildungsinhalte geben nur eine grobe Orientierung.

Arbeitsfeld Schulsozialarbeit

Noch bevor ich Kontakt zu Schülern aufnehmen konnte, tat dies schon mein äußeres Erscheinungsbild für mich: „Schwuli, Schwuli", hallte es aus einem Fenster des zweiten Stocks, das sich sogleich wieder verschloss, über den gesamten Schulhof. Und das, nachdem noch nicht einmal fünf Minuten der ersten großen Pause in meinem neuen Tätigkeitsbereich verstrichen waren. Ich überhörte diese Begrüßungsworte einfach (d. h., so gut es ging). Leider hatten aber nur wenige der Kinder auf dem Schulhof Hörprobleme, und so flogen mir dieselben oder ähnliche Worte aus kürzerer Distanz entgegen. Zu einem Mädchen sagte ich verkrampft lächelnd, dass ich ein neuer Praktikant bin, eine Freundin habe, schwule Menschen übrigens nett seien und mich das Ganze hier gar nicht störe. Ob der Schrecken hinter meinen Sätzen sichtbar wurde oder nicht, vermag ich nicht zu sagen. Ich glaube aber, dass selbst die „coolste" Reaktion nicht bewirkt hätte, dass die Schüler aufgehört hätten, mich auf ihre Weise kennen lernen zu wollen. Ich tat dann so, als hätte ich etwas im Lehrerzimmer vergessen und verließ die Szenerie. So oder ähnlich, aber mit deutlich ab-

nehmender Intensität der Provokationen, verliefen die ersten Begegnungen mit Schülern auf den Fluren und dem Schulhof. Ich wusste, dass die Kinder mich nur kennen lernen wollten, dass ihre Provokationen nicht „persönlich" gemeint waren, dass es alle neuen Lehrer und vor allem Praktikanten schwer haben, aber ich fühlte mich in diesen Situationen trotzdem alles andere als wohl. (Tim, Praktikant in einem Förderzentrum)

Die erste *Begegnung* mit den Kindern, den Jugendlichen, hat für den Verlauf des Praktikums eine besondere Bedeutung: Der Aufbau des pädagogischen Verhältnisses beginnt mit dem ersten Zusammentreffen. Der Einstieg in das Arbeitsfeld kann zur Belastungsprobe werden, kann aber auch die erfolgreiche Übernahme der neuen Rolle erleichtern.

Die Anleiterin kann wesentlich dazu beitragen, der Praktikantin den Einstieg in das Arbeitsfeld zu erleichtern. Sie sollten sich als Anleiterin vor dem ersten Zusammentreffen gedanklich damit befassen, wie die Praktikantin voraussichtlich empfangen werden wird: Muss sie damit rechnen beäugt, geklammert, ausgetestet oder ignoriert zu werden? Wie kann sie auf die Kinder oder Jugendlichen zugehen?

Treten Sie als Anleiterin und Praktikantin bei der ersten Begegnung mit den Kindern oder Jugendlichen gemeinsam auf, signalisieren Sie Zusammengehörigkeit und Teamgeist, Sie bereiten dadurch den Boden für eine tatsächliche Kooperation. Es wird sichtbar, dass die Neue in ihrer Rolle als Praktikantin und Teammitglied anerkannt wird, für die Praktikantin bedeutet die Gegenwart der Anleiterin, bei Bedarf Hilfe in Anspruch nehmen zu können.

Die Einführung der Praktikantin erfordert eine gründliche Vorbereitung. Die Gruppe sollte informiert sein und es sollten Formen der Begegnung gefunden werden, die den pädagogischen Alltag nicht zu sehr unterbrechen und trotzdem genügend Aufmerksamkeit sicherstellen.

Ist eine klare Zuordnung zu einer Gruppe während des Praktikums nicht möglich, muss der Arbeitsbereich trotzdem von Anfang an möglichst genau festgelegt werden. In offenen Kindergärten, in Kindergärten ohne feste Gruppen, kann die Praktikantin z. B. zunächst bestimmten Funktionsbereichen zugeordnet werden und im weiteren Verlauf des Praktikums eigene Angebote im Treffpunkt vorstellen. Im Jugendzentrum ist eine Zuordnung zu bestimmten Besuchergruppen denkbar.

Damit die Begegnung mit dem Team nicht zufällig erfolgt, sollte die Praktikantin wie jede künftige Mitarbeiterin den anderen vorgestellt werden. Sie bringen als Anleiterin dadurch Ihre Zuständigkeit für die Praktikantin gegenüber dem Team klar zum Ausdruck.

Die Strukturierung der Einarbeitungsphase, die Vorbereitung und Nachbereitung der täglichen Arbeit, die kontinuierliche Betreuung und Reflexion erfordern viel Zeit und Energie. Der Anleiterin muss für diese Aufgabe vom Team und vor allem vom Arbeitgeber genügend Zeit zugestanden werden.

Einen Platz finden

Kommt jemand neu in eine Gruppe, ist es nicht immer leicht, gleich einen Platz zu finden. Dass Sie als Praktikantin nicht Teil der Gruppe sind, mit der Sie arbeiten sollen, macht die Aufgabe nicht gerade einfacher. Suchen Sie einen Ort, an dem Sie sich sicher fühlen, der Ihnen aber auch gleichzeitig Handlungsmöglichkeiten eröffnet. Zeigen Sie Interesse und seien Sie aufmerksam für das, was um Sie herum geschieht – bleiben Sie offen für die Begegnungen, die Ihnen bevorstehen.

Arbeitsfeld Kindertagesbetreuung

Als ich den ersten Tag meines Praktikums antrat, wurde ich zuerst von dem Leiter der Kindertagesstätte durch das Haus geführt. Er zeigte mir die Räumlichkeiten, in denen ich in den nächsten zehn Wochen arbeiten würde. Er stellte mich den Mitarbeiterinnen vor. Anschließend hat er mir meinen Gruppenraum gezeigt, in dem schon Frau W., eine Erzieherin, auf mich wartete, sie war meine Anleiterin. Die Kinder wurden gerade von ihren Eltern gebracht. Frau W. zeigte mir die Materialien, mit denen sie arbeitet. Ich machte mich mit den Spielmöglichkeiten vertraut. Als alle Kinder eingetroffen waren, bildeten die Kinder einen Stuhlkreis und Frau W. stellte mich den Kindern

vor. Die erste Woche verbrachte ich hauptsächlich mit dem Kennenlernen der Kinder. Frau W. hatte kleine Namensschilder für die Kinder angefertigt, sodass ich sie persönlich ansprechen konnte. Ich setzte mich an den Maltisch, hielt mich in der Bau- oder Rollenspielecke auf. Die Kinder gaben mir das Gefühl, als sei ich schon lange in der Gruppe. Den Eltern stellte ich mich durch einen selbst gestalteten Aushang vor. In der zweiten Woche begann ich mit gezielten Aktivitäten und stellte fest, dass eine gute Vorbereitung und Planung wesentliche Voraussetzung für eine erfolgreiche Arbeit mit den Kindern ist.
(Andrea, Praktikantin in einem Kindergarten)

In der Begegnung mit Kindern sollten Sie von Anfang an eine *aktive Rolle* einnehmen. Kinder sind von Natur aus neugierig und bieten von sich aus viele Vorlagen zum Mitmachen und Mitspielen. Sie sind Garanten für spannende Begegnungen – eine Praktikantin, die sich zurückzieht, um die Kinder und die Erzieherin still aus einer sicheren Ecke heraus zu beobachten, vergibt die Chance, von Anfang lebendige Beziehungen aufzubauen. Sind Sie neu, sollten Sie aber auch nicht gleich von Kind zu Kind eilen wie ein Schmetterling, der von Blume zu Blume fliegt. Lernen Sie die Kinder kennen, ohne die gewohnten Spielabläufe im Freispiel zu unterbrechen. Sie können sich in noch nicht vertraute Abläufe einbringen, indem sie mitspielen und sich daran freuen, das Kind in sich ein Stück wiederzuentdecken. Auf das Spiel oder das Werk einzelner Kinder einzugehen („Die Blume auf deinem Bild leuchtet ja richtig!") ist geschickter als die Kinder in allgemeiner Weise anzusprechen („Na, was macht ihr denn da?").

Pädagogisch auf das Gruppengeschehen Einfluss nehmen können Sie erst, wenn Sie eine Zeit lang beobachtet und tägliche Abläufe bewusst erfasst haben. Viele *Gruppenregeln* bestehen unausgesprochen, sie sind ritualisiert und mit dem Tagesablauf verbunden:

- Wie wird das Ende der Freispielphase angekündigt, wie wird sie beendet?
- Gibt es ein freies oder ein gemeinsames Frühstück?
- Wann gehen die Kinder zum Hände waschen, wann putzen sie die Zähne?
- Gehen sie allein oder bleiben sie in der Gruppe zusammen?

- Wird die Anzahl der Kinder in bestimmten Spielbereichen begrenzt?
- Stellt jeder sein Spiel zurück oder räumen alle gemeinsam auf?
- Dürfen Spielsachen von zu Hause mitgebracht werden?
- Dürfen Kinder den Gruppenraum verlassen?
- Welche Räume dürfen unter welchen Bedingungen von den Kindern genutzt werden?
- Wann greift die Erzieherin bei Konflikten zwischen den Kindern ein?
- Welche Begrüßungs- und Abschiedsrituale gibt es?

Sie können Informationen bei der Gruppenleiterin einholen, manches wird aber erst im Laufe der Zeit sichtbar. Nach und nach werden sich die Eindrücke zu einem Gesamtbild verdichten, Beziehungsmuster können im Gespräch mit Ihrer Anleiterin aufgedeckt werden und Sie bekommen einen Eindruck von der jeweiligen Gruppenkultur. Die Organisation des Tagesablaufes, die Formen der Anerkennung und der Grenzsetzung, der Umgang mit Konflikten und das Ausmaß an Entscheidungsfreiheit sind in hohem Maße abhängig von der Gruppenleiterin und prägen die Gruppenatmosphäre.

In der Orientierungsphase sollten Sie sich auf einzelne Kinder und Teilgruppen konzentrieren. Sie können von Anfang an *Freispielangebote* für die Kinder vorbereiten und dadurch erste Kontakte aufbauen. Der von Ihnen vorbereitete Gruppen- oder Maltisch und die konkrete Aufgabe bieten Sicherheit, viele Kinder werden von sich aus auf Sie zugehen. Sie sollten sich aber nicht zu lange an dieser Aufgabe festhalten, sondern die gewonnene Sicherheit als Ausgangspunkt nehmen, um größere Kreise zu ziehen.

Aufmerksamkeit verdienen grundsätzlich alle Kinder und nicht nur diejenigen, die aktiv auf Sie zugehen oder die durch ihr Verhalten besonders auffallen. Das zurzeit in der Gruppe aktuelle Thema und das erzieherische Verhalten der Gruppenleiterin gegenüber den Kindern sind der Ausgangspunkt, um in die Bildungs- und Erziehungsarbeit einzusteigen.

Als Anleiterin sorgen Sie dafür, dass die Praktikantin bei der Durchführung von Aktivitäten mit Teilgruppen dabei sein kann und im Stuhlkreis oder bei anderen Formen der Arbeit mit der Gesamtgruppe kleinere Aufgaben übernimmt. Sie sollte nicht nur mitspielen und mitmachen, sondern bewusst einen Zugang zu den Kindern herstellen, unabhängig davon, ob ihr die Kinder in besonderer Weise sympathisch sind oder nicht.

Sie können darauf achten, dass Eltern und Praktikantin einander wahrnehmen und die Praktikantin auch Kontakte zu anderen Teammitgliedern herstellt. An Elternabenden und Teambesprechungen sollte die Praktikantin teilnehmen.

Durch die Übernahme kleinerer Aufgaben und durch das aktive Handeln vollzieht die Praktikantin einen Perspektivenwechsel vom Erzogenen zum Erziehenden. Sie ist nicht Zuschauer, sondern „personales Angebot“. Auf diese Weise wird Sie von Anfang an zu einer Selbstwahrnehmung in der Rolle der pädagogisch Handelnden geführt. Sie kann die neue Berufsrolle in ersten Ansätzen wahrnehmen und erproben.

Kinder und Jugendliche wahrnehmen

In jeder Begegnung mit einem anderen Menschen liegt etwas Besonderes. Vielleicht erkennen wir uns selbst ein Stück weit im anderen, vielleicht nehmen wir auch die Verschiedenheit wahr, sehen die Individualität des anderen, das was ihn vor allen anderen auszeichnet. Wir spüren, dass wir dem anderen möglichst vorbehaltlos gegenübertreten müssen, wollen wir ihm „echt“ begegnen, andernfalls nehmen wir der Begegnung die Inspiration, die Einzigartigkeit, die in ihr liegt.

Während des Praktikums haben Sie als Praktikantin viele Chancen, anderen Menschen zu begegnen. Eine wertschätzende Aufmerksamkeit drückt sich in vielen kleinen Gesten, in der Haltung, Mimik und in der Sprache aus. Vielleicht werden Sie Kinder trösten, die sich weh getan haben, werden sie in ihrem Leid und in ihrem Glück begleiten, ohne ihnen dabei ihre Gefühle wegzunehmen, vielleicht werden Sie problembeladenen Jugendlichen zuhören, sie vor möglichem Schaden bewahren, ohne ihnen dabei ihre Selbstständigkeit abzusprechen. Manche Begegnungen werden sie vielleicht belasten, andere werden Sie mit Freude erfüllen.

Die Freude an der Begegnung wird im Praktikum nicht selten dadurch getrübt, dass Sie aus den erlebten Begegnungen „etwas machen“ sollen. Die Ausbildungserfordernisse mit ihren Vorgaben und Aufgaben lasten als Druck und kratzen an dem Gefühl der Echtheit der Begegnungen. Die konkreten Menschen in Ihrer Arbeitsumgebung werden zu „Adressaten“, „Klienten“ oder zu einer „Zielgruppe“. Es wird erwartet, dass Sie vielfältige Informationen über Lebensbedingungen, Bedürfnisse, Entwicklung und Erleben anderer Menschen aufnehmen, mit diesen Informationen zu einem differenzierten Verstehen kommen und Ihr pädagogisches Handeln darauf aufbauen. Ihre Wahrnehmung wird auf den Einzelnen, auf die Interaktion der Gruppenmitglieder oder die Gruppe mit ihren jeweiligen Strukturen und in ihrer Dynamik gerichtet.

Erste Informationen bekommen Sie in der Regel durch die Anleiterin, manchmal wird aber auch Wert darauf gelegt, dass Sie sich zunächst ein eigenes Bild machen, bevor sie weitere Hintergrundinformationen oder Akteneinsicht bekommen. Selbstverständlich sind Sie ebenso wie die anderen Mitarbeiter an die *Schweigepflicht* gebunden. Je nach Ausbildungstand sollten Sie mögliche Informationsquellen nutzen, um bereits erworbenes Wissen z.B. aus Pädagogik, Psychologie und Soziologie oder Organisation, Recht und Verwaltung an der Praxis zu überprüfen und in die Arbeit einzubringen. Eventuell begegnen Sie psychometrischen Verfahren (z.B. Anamnese, Tests), die von psychologisch geschultem Fachpersonal zur Diagnostik eingesetzt werden oder Sie setzen sich selbst mit soziometrischen Methoden (Soziogramm) auseinander, führen Gespräche oder machen Interviews, um beispielsweise Gruppenprozesse systematisch zu erfassen.

Die Methoden, die die Sozialpädagogik bietet, sind Hilfsmittel, die das konkrete Erleben zwar manchmal in Kästchen packt, es aber auch strukturiert und somit zur eigenen Orientierung beiträgt.

Ein Praktikum bietet viele Gelegenheiten, Verhalten zu beschreiben, zu deuten und auch zu bewerten. Verfügen Sie bereits über *Methoden der Beobachtung*, sollten Sie diese anwenden, um sich in der *Fremdwahrnehmung* zu schulen. Sind noch andere Praktikantinnen in der Einrichtung, können Sie sich gegenseitig beobachten und Rückmeldung geben. Beobachtung ist im pädagogischen Raum nicht nur ein technisches Hilfsmittel, um die Voraussetzungen und Folgen pädagogischen Handelns zu klären, sondern immer auch Teil des alltäglichen Geschehens, da jede Erzieherin sich für einzelne Kinder besonders interessiert und ihre Aufmerksamkeit in besonderer Weise auf sie oder auf den Verlauf von Ereignissen in der Gruppe richtet.

Alle Beobachtungsmethoden basieren auf einer *Trennung von konkreter Beobachtung und Deutung* oder Einschätzung eines Verhaltens. Da wir dazu neigen, Vorgänge und Verhaltensweisen zu bewerten, werden Geschehensabläufe zunächst möglichst wertfrei erfasst, bevor sie interpretiert und beurteilt werden. Die Trennung drückt sich im Gespräch, aber auch bei den schriftlichen Formen der Beobachtung darin aus, dass die Schilderung des Wahrgenommenen eindeutig von Deutungen, Kommentaren oder Zusatzinformationen abgehoben wird.

Gab es Streit zwischen zwei Kindern, ist die Aussage „K. hat D. geärgert" lediglich die ungenaue Wiedergabe eines Eindrucks, einer Interpretation, das tatsächliche Geschehen hat man nicht vor Augen. Eine professionellere Äußerung beschränkt sich daher zunächst auf das, was wirklich zu sehen und zu hören war. Im Gespräch mit der Anleiterin sollten Sie darauf achten, den Kindern nicht vorschnell Eigenschaften anzuhängen. Sie sagen also nicht „K. ist laut" oder „K. ist unruhig", sondern sie beschreiben das Verhalten K.s in konkreten Situationen. Stark abwertende Ausdrücke wie „unverschämt" oder „frech" sagen lediglich etwas über die eigenen Grenzen aus, das Verhalten einzelner Kinder treffen sie nicht – sie sollten daher auch nicht benutzt werden. Bei der Wiedergabe von Handlungen spielt die Wahl der richtigen Verben eine wichtige Rolle. Geht K. durch den Raum oder rennt er? Bei Zeitangaben sind leicht irreführende Angaben möglich. Was für den einen lange dauert, ist für den anderen eine kurze Episode. Deshalb sind Zeitangaben in Stunden, Minuten, Sekunden besser als Ausdrücke wie „nur kurz" oder „nach längerer Zeit". Zeitliche Abfolgen werden oft so geschildert, als ob das, was geschieht, der Grund sei für das, was folgt. Das kann sein, muss aber nicht sein. Kausale Zusammenhänge gehören nicht zu einer Wiedergabe von Verhalten. Bei der Schilderung des Geschehens sollte man daher nicht „weil" benutzen, sondern besser „nachdem" oder „während": „Nachdem D. K. ‚dumm' genannt hatte, trat K. mit dem Fuß gegen die Kiste mit den Bauklötzen."

Wird ein Kind von Ihnen als „auffällig" empfunden, müssen Sie sagen können, was Ihnen konkret aufgefallen ist, d.h., Sie sollten Ihre Aussagen durch Beobachtungen belegen. Aus Verhaltensbeobachtungen kann eine

Praktikantin keine Persönlichkeitsdiagnostik ableiten. Es gehört nicht zu Ihren Aufgaben Diagnosen wie „K. ist hyperaktiv" zu stellen. Dinge und Personen zu bewerten, entspringt oft dem Bedürfnis, etwas abschließend einordnen zu wollen, man möchte damit fertig werden, zu einem Ende kommen.

Um Kinder nicht zu stigmatisieren, sollten Sie sich darum bemühen, bei der *Zuschreibung von Eigenschaften* zurückhaltend zu sein. Menschliches Verhalten ist selten eindeutig, sondern oft mehrschichtig und uneindeutig. Verallgemeinernde Aussagen dürfen daher nur mit Vorsicht getroffen werden und sollten durch Wahrgenommenes belegt werden: „K. beschäftigt sich heute 10 Minuten mit einem Puzzle, er scheint sich etwas länger konzentrieren zu können als gestern, da nahm er innerhalb von 10 Minuten sechs verschiedene Spiele aus dem Regal, ohne ein Spiel zu Ende zu bringen." Eine Einzelbeobachtung reicht nicht, um daraus etwas abzuleiten, es müssen sich eine Reihe von Beobachtungen in ein Gesamtbild fügen, das durch weitere Informationen aus Gesprächen mit Teammitgliedern und durch objektive Tatsachen (z.B. familiäre Veränderungen, bevorstehender Schulbesuch ...) ergänzt werden kann.

Die Gespräche, die zwischen Ihnen und Ihrer Anleiterin stattfinden, sind ein Übungsfeld, um Gesehenes treffend wiederzugeben, um den eigenen Blick- und Standpunkt deutlich zu machen und um Folgerungen und Vorgehensweisen zu formulieren. Eine bewusst wahrnehmende Praktikantin bedeutet auch immer eine Herausforderung für die Anleiterin.

Beobachtungen können für Sie *Ausgangspunkt für eine individuelle Betreuung* der Kinder oder Jugendlichen sein. Bei der Reflexion der eigenen Tätigkeit machen Sie durch die Wiedergabe von Beobachtungen Ihr pädagogisches Handeln mit praktischen Beispielen und Ereignissen aus der Gruppe anschaulich. Langfristig helfen Beobachtungen, die Konsequenzen Ihres Handelns im Verhalten der Kinder zu sehen.

Im **Arbeitsfeld Kindergarten** besteht ein wichtiger Teil der Arbeit darin, den „Ist-Zustand" einer Situation festzuhalten: Mit wem spielt das Kind? Wo spielt es? Was spielt es? Mit welchem Material spielt es? Was macht es mit dem Material? Wie lange beschäftigt es sich damit? Wie ist der Gesichtsausdruck, die Körperhaltung, die Gestik? Die Situationen werden dann zum Ausgangspunkt für Deutungen und Reflexionen: Wie verläuft das Spiel? Versucht das Kind eigene Ideen umzusetzen? Gibt es leicht auf? Ist das Material anregend genug? Die Erzieherin reagiert auf Grund der Deutungen und macht sie zum Ausgangspunkt für die Planung der weiteren Arbeit.

Im Mittelpunkt steht das Spielverhalten der Kinder, daneben behält die Erzieherin aber auch die fortlaufende Entwicklung des Kindes im Auge: Wie entwickelt sich das Kind emotional? Wie entwickelt es sich äußerlich, wie im sozialen, kognitiven, psychomotorischen, sprachlichen Bereich? Genaues Beobachten lässt auch Aussagen über die Gruppensituation zu: Teilgruppen zeigen an bestimmten Spielen und Materialien Interesse, haben ein Spielthema, die Gruppe hat Stärken und Defizite, es gibt Rollen innerhalb der Gruppe, eine bevorzugte Raumnutzung und regelmäßig auftretende Formen von Konfliktbewältigung.

Für die Praktikantin kann eine genauere Betrachtung dieser Bereiche zu einer Vielzahl von *Beobachtungsthemen* führen. Anlässe für Beobachtungen sind oft Probleme und Auffälligkeiten wie Aggressivität oder Außenseiterrollen in der Gruppe. Das Kind wird in seinem positiven Verhalten weniger wahrgenommen als in seinen negativ bewerteten Lebensäußerungen. Das alltägliche Verhalten zum Beobachtungs- und Gesprächsgegenstand zu machen, indem ein Kind auch ohne besonderen Anlass in regelmäßigen Abständen zu einer bestimmten Tageszeit beobachtet wird, wirkt dem entgegen.

Im **Arbeitsfeld der Hilfen zur Erziehung** (Jugendhilfe) bietet es sich an, Beobachtungsaufgaben in die tägliche Erziehungsarbeit einzubinden. Als Anleiterin können Sie die Praktikantin in das Team einbeziehen, indem sie ihr z.B. Einblick in die Erstellung und Weiterentwicklung von Erziehungsplänen für einzelne Kinder oder Jugendliche verschaffen. Sie kann sich über die Vorgeschichte (Anamnese, psychologische Untersuchungen, Verhaltensbeobachtungen, Diagnose und Entwicklungsberichte) informieren und in Teambesprechungen ihre eigenen Beobachtungen mitteilen.

Die Beobachtungsschwerpunkte unterscheiden sich von denen im Kindergarten. Im Mittelpunkt steht die Lebenssituation des einzelnen Kindes/ Jugendlichen. Sein körperlicher, geistiger und seelischer Entwicklungsstand, seine Position innerhalb der Gruppe, die Bindung an Erzieher, Kenntnisse und Fertigkeiten, der Leistungsstand in Bezug auf Schule und Ausbildung und Freizeitinteressen können Anhaltspunkte bieten, um die Kinder/Jugendlichen bei der Bewältigung ihres Alltags zu unterstützen (z. B. Hausaufgabenhilfe, Hilfen bei der Bewältigung des alltäglichen Lebens) oder um sinnvolle Freizeitangebote (z. B. Fahrradreparatur, Ausflüge) zu entwickeln. Bei der Entscheidung, welche Angebote gemacht werden können, sollte aber nicht nur die Fremdeinschätzung von außen eine Rolle spielen, sondern auch die Selbsteinschätzung des Kindes/Jugendlichen (Wofür interessiere ich mich? Was kann ich gut, was noch nicht, was will ich noch lernen?).

Wollen Sie nicht nur Gelegenheitsbeobachtungen machen, sondern eine professionelle Haltung entwickeln, die aus der Distanz heraus um Objektivität bemüht ist, müssen Sie *systematische Methoden der Beobachtung* anwenden. Sie können sich für eine *teilnehmende* oder *nicht-teilnehmende* Form entscheiden.

Bei der teilnehmenden Beobachtung befindet sich der Beobachtende im selben Handlungsfeld wie der Beobachtete. Die Beobachtungen werden erst später aus dem Gedächtnis heraus festgehalten.

Die nicht-teilnehmende Beobachtung ist eine Methode der Informationsgewinnung, bei der der Ablauf der Geschehnisse nicht durch eigene Interaktionen beeinflusst wird. Im Kindergarten nicht mitzuspielen und sich einer Beobachtungsaufgabe zu widmen oder sich in einer Jugendgruppe still mit Papier und Kugelschreiber in eine Ecke des Raumes zu setzen, ist nicht jedermanns Sache. Es kann eine gekünstelte Atmosphäre entstehen, die das pädagogische Geschehen ungünstig beeinflusst.

Viele Praktikantinnen entscheiden sich für eine teilnehmende Form der Beobachtung, weil sie es nur schwer ertragen, nach außen hin „inaktiv" zu erscheinen, „nur" zu beobachten, obwohl es sich dabei auch um eine Tätigkeit handelt, die zum künftigen Beruf gehört. Sie kann gerade dann sinnvoll sein, wenn Sie bereits Nähe zu den Kindern oder Jugendlichen hergestellt haben, da Sie eine neue Perspektive erfahren, die eine Distanzierung erfordert.

Beobachtungsaufgaben können unter folgenden Gesichtspunkten strukturiert werden:

- *Anlass für die Beobachtung:*
  - Vermutungen, Fragen, Auffälligkeiten.
- *Personen, Ort, Zeit:*
  - Wen möchte ich wann, wo, wie lange beobachten? (z. B. ein Mal pro Woche zur gleichen Zeit, zu Anfang, in der Mitte und zum Ende des Praktikums)
  - Einzel- oder Gruppenbeobachtung?
- *Ziele der Beobachtung:*
  - Was möchte ich herausfinden? Gibt es ein Beobachtungsthema?
- *Form der Beobachtung:*
  - Wie möchte ich beobachten? Teilnehmend oder nicht-teilnehmend? Offen oder verdeckt?
- *Durchführung und Dokumentation der Beobachtung:*
  - Arbeit mit festgelegten, standardisierten Verhaltenskategorien oder mit offenem Beobachtungsprotokoll?
  - Ausfüllen der Beobachtungsbogen, Darstellung der einzelnen Beobachtungen.
- *Interpretation der Beobachtungsergebnisse:*
  - Deutungen, Wertungen.
- *Pädagogische Konsequenzen:*
  - Welche Folgen ergeben sich für die praktische Arbeit?

Beobachtungen machen sensibel für die eigenen Muster der Wahrnehmung. Unsere Beobachtungsthemen sagen uns manchmal, wofür wir gerade ein Auge oder ein Ohr haben. Auch verdrängte Inhalte suchen sich auf diese Weise Zugang an die Oberfläche. Das was an anderen auffällt, das was mich stört, kann auch Zielpunkt der Selbstwahrnehmung sein, vielleicht sagt es etwas aus über die eigenen sensiblen Bereiche, die eigenen Verletzlichkeiten oder Vorlieben.

Zusammenfassung

Praktikantinnen sollten am ersten Tag von der Anleiterin in die Arbeit eingeführt und mit den Kindern oder Jugendlichen und dem Team bekannt gemacht machen. **Aktives Mitmachen** kann helfen, einen Platz zu finden und die erste Unsicherheit zu überwinden. Die ersten Erfahrungen im pädagogischen Alltag können zu der Aufgabe führen, die Kinder/Jugendlichen bewusst wahrzunehmen. Es entstehen **Beobachtungsthemen**, die zu einer gezielten Beobachtung führen. Beobachtung und Deutung von Verhalten müssen klar voneinander getrennt werden. Bei der Zuschreibung von Eigenschaften von Kindern ist Zurückhaltung geboten. Beobachtungsthemen werden zum Ausgangspunkt für eine individuelle Betreuung einzelner Kinder oder Jugendlicher.

Arbeitshilfe: Offenes Beobachtungsprotokoll

Bei allgemeinen Fragestellungen hat sich eine weniger strukturierte, offene Form eines Beobachtungsprotokolls bewährt. Sie kann die Grundlage für eine vorsichtige, vorläufige Deutung sein.

Name des Kindes/Jugendlichen (verändert)

____

Ziel der Beobachtung

____

________ Beobachtungsprotokoll

Datum: ________________

Zeitspanne: ________ Uhr bis ________ Uhr

Zeit	Raum	Situation	Verhalten des Kindes

Vorläufige Deutung des Verhaltens:

____

____

____

Arbeitshilfe: Beobachtung nach vorgegebenem Raster

Bei der Erfassung der Häufung bestimmter Verhaltensweisen kann eine geschlossenere Form eines systematischen Beobachtungsbogens Aufschlüsse geben. Die Beobachtung erfolgt in regelmäßigen Zeitabständen in vergleichbaren Situationen (hier im Freispiel).

Systematisches Beobachtungsprotokoll

Name des Kindes (verändert)

___

Ziel der Beobachtung: Ermittlung der Tätigkeiten des Kindes während der Freispielphase

___

_______ Beobachtungsprotokoll

Datum: ______________

Zeitspanne: _______ Uhr bis _______ Uhr

Ruhe									
Zuschauen									
Bewegung									
Unterhaltung									
Malen									
Formen									
Experimentieren									
Buchbeschäftigung									
Regelspiel									
Rollenspiel									
(...)									

Kapitel 4
Die Praktikantin im Spannungsfeld unterschiedlicher Erwartungen

Das Modell der Rolle

Zu jeder Stellung, die ein Mensch in der Gesellschaft einnimmt, gehören Verhaltensweisen, die man von dem Träger dieser Position erwartet. Zu jeder sozialen Position gehört eine *soziale Rolle*. Praktikantin, Anleiterin und Lehrkraft üben Rollen aus und werden auf diese Weise Teil eines sozialen Dramas, ohne dass ihnen als Rollenträgern immer bewusst ist, wer das Stück eigentlich geschrieben hat.

Die Rollen transportieren die Ansprüche der Gesellschaft an das Verhalten eines Menschen, Ansprüche an sein Verhalten (*Rollenverhalten*) und Ansprüche an seinen „Charakter" (*Rollenattribute*). Obwohl die soziale Rolle uns nicht verraten kann, wie der Rolleninhaber sich tatsächlich verhalten wird, wissen doch die anderen, wie er sich verhalten sollte, um seiner Rolle gerecht zu werden.

Aufrecht erhalten wird das Rollenverhalten durch ein System von *Erwartungen und Sanktionen*. Ob offen oder verdeckt – viele Verhaltenserwartungen, die mit einer sozialen Rolle verknüpft sind, sind von ihrem Anspruch her verbindlich und lassen sich nicht einfach zurückweisen, man kann sich ihnen nicht entziehen, ohne mit negativen Sanktionen rechnen zu müssen, es sind *Muss-Erwartungen*. Positive Sanktionen gibt es bei Erfüllung solcher Muss-Erwartungen nicht. *Soll-Erwartungen* sind ebenfalls verbindlich, ihre Erfüllung wirkt sich zwar positiv auf das soziale Ansehen aus, aber bei Nicht-Erfüllung drohen sozialer Ausschluss oder Tadel. Übt man sein Rolle so aus, dass sie nicht nur den verbindlichen Erwartungen entspricht, sondern auch unverbindlichere *Kann-Erwartungen* erfüllt, erhält man mit etwas Glück Zuspruch und Lob (positive Sanktionen), mit negative Sanktionen muss man bei Nicht-Erfüllung nicht rechnen.

Die Rolle der Praktikantin

Auch das Praktikantinnen-Dasein gewinnt seine Spannung durch Erwartungen, die mit der Rolle verknüpft sind. Mit Beginn des Praktikums sind Sie nicht mehr nur die Person Laura oder Jennifer, sondern Sie sind auch Praktikantin und nehmen dadurch einen bestimmten Platz innerhalb eines sozialen Gefüges ein. An die Praktikantenrolle sind Bündel von Erwartungen geknüpft, die manchmal offen an Sie herangetragen werden, aber oft auch unausgesprochen bleiben, weil das Wissen darum vorausgesetzt wird.

Ob die von außen an Sie gerichteten Erwartungen als stützend oder als einengend erlebt werden, hängt stark von Ihnen selbst ab. In manchen Situationen können Rollenerwartungen Orientierung und Sicherheit geben, in anderen Situationen, besonders wenn sie nicht Ihren Eigenerwartungen entsprechen, sind sie eine ärgerliche, aber dennoch nicht zu leugnende Tatsache.

Manche Erwartungen beziehen sich auf die Grundhaltung, die eine Praktikantin zeigt, andere Erwartungen auf ihr Können im pädagogischen und methodischen Bereich. Pünktlichkeit und regelmäßiges Erscheinen sind Teil einer professionellen Haltung und werden als selbstverständlich vorausgesetzt. Es sind Muss-Erwartungen. Erfüllt die Praktikantin diese nicht, wird sie eventuell abgemahnt oder muss das Praktikum sogar abbrechen. Zeigt sie Engagement, Hilfsbereitschaft, Kollegialität und Kritikfähigkeit, erfüllt sie ihre Rolle gut und erntet vermutlich Anerkennung. Lernbereitschaft und Verantwortungsbereitschaft zeigt sie, indem sie bereitwillig Aufgaben übernimmt und sie verlässlich ausführt. Im pädagogisch-methodischen Bereich werden Kontaktfähigkeit, das bewusste Einsetzen sozialpädagogischer Methoden und Reflexionsfähigkeit erwartet.

Je klarer und transparenter die Erwartungen sind, die an die Praktikantin gerichtet werden, umso leichter hat sie es, sich im neuen Umfeld zurechtzufinden. Hilfreich bei der Rollengestaltung ist es, wenn klar ist, wie verbindlich die Erwartungen gegenüber der Praktikantin sind: Welche Ansprüche können, welche sollen und welche müssen erfüllt werden?

Sind Sie in der Rolle der Praktikantin, ist es ein anstrengender Prozess, verbindliche Erwartungen herauszufinden. Nicht alle Erwartungen sind

Rollenerwartungen. Erwartet man von Ihnen, dass Sie in erster Linie als Küchenhilfe oder Putzkraft tätig werden, gehört das nicht zur Rolle und muss zurückgewiesen werden, die Mitwirkung im hauswirtschaftlich-pflegerischen Bereich gehört allerdings dazu, wenn es im Kindergarten z. B. um die Vorbereitung eines gemeinsamen Frühstücks für die Kinder geht.

Als Praktikantin haben Sie innerhalb der Einrichtung einen Sonderstatus. Man billigt einer Praktikantin zu, auch Fehler zu machen und daraus zu lernen. Andererseits werden Sie auch als Teil des Teams gesehen und in die täglichen Arbeits- und Entscheidungsabläufe einbezogen. Sie sind Teammitglied im Praktikantenstatus.

Rollenerwartungen gehen nicht nur von den Kindern und Jugendlichen oder von der Anleiterin aus, sie kommen auch von Kollegen, von Verbänden oder aus der Verwaltung und aus der schulischen Ausbildungsstätte. Sie sind oft angewiesen auf Ihre eigenen Interpretationen (Ich vermute, ich soll ...) und sollten die *Fremderwartungen* mit dem Selbstbild vergleichen (Wie möchte ich sein?). Stimmen Fremderwartungen und *Eigenerwartungen* nicht überein, sind Konflikte vorprogrammiert.

„Als ich mit dem Praktikum anfing, hatte ich den Vorsatz, mich intensiv um einzelne Kinder zu kümmern. Dann sagte mir die Gruppenleiterin, ich müsse mich unbedingt mehr mit der Gruppe beschäftigen.“ (Stephanie, Praktikantin im Kindergarten)

Glücklicherweise ist die Rolle der Praktikantin nicht immer eindeutig festgelegt, sodass sie in der Interaktion mit anderen geringfügig nach persönlichen Vorstellungen ausgestaltet werden kann (aktionale Rolle). Um einen souveränen Umgang mit der neuen Rolle zu erreichen, hilft es, sich die Fremderwartungen bewusst zu machen und sie aus einer inneren Distanz heraus zu betrachten (siehe Arbeithilfe). Es gehört Mut dazu, nachzufragen und man benötigt die Fähigkeit, Erwartungen fühlend nachzuspüren (Welche Wünsche haben die Kinder mir gegenüber?).

Es können *Intra-Rollenkonflikte* auftreten durch die Widersprüche zwischen den Fremderwartungen gegenüber einem Rollenträger, die nicht oder nur schwer miteinander zu vereinbaren sind (z. B. unterschiedliche Erwartungen der Anleiterin und der Ausbildungsschule). *Inter-Rollenkon-*

flikte können sich aus den widersprüchlichen Erwartungen ergeben, die mit den unterschiedlichen Rollen verknüpft sind, in denen wir leben (z. B. in Familie und Beruf). Es kann ein schmerzhafter Prozess sein, solche Widersprüche auszuhalten, die eigene Position zu finden und nach außen deutlich zu machen.

Praktikantinnen erleben die unterschiedlichen Rollen, die sie an den jeweiligen Ausbildungsorten einnehmen, oft als kaum miteinander vereinbar: Während ihnen in der Praxisstelle bereits ein hohes Maß an Verantwortung für andere zugebilligt wird, erleben sie sich in schulischen Ausbildungsstrukturen wieder in einer eher aufnehmenden Rolle. Die Lehrkraft, die die Praktikantinnen in der Praxis betreut, sieht sie in beiden Rollen und stellt gelegentlich überrascht fest, dass zurückhaltende Schülerinnen in der Praxis ein hohes Maß an Eigeninitiative entwickeln oder aber dass schulisch gute Leistungen keine Garantie für ein empathisches Erzieherverhalten sind.

Es geht im Praktikum nicht darum, jede Fremderwartung zu verinnerlichen, sondern sie kritisch zu gewichten und die eigenen Erwartungen und damit auch die eigene Persönlichkeit den anderen gegenüber deutlich darzustellen. Ein Mensch, der klar macht, dass ihm unvereinbare Erwartungen Schwierigkeiten bereiten, wird von anderen oft eher akzeptiert als jemand, der wie ein Fähnchen im Wind versucht, mal die eine und mal die andere Erwartung zu erfüllen. Das Gespräch und der Austausch mit den anderen Rolleninhabern verhindert innere Blockaden und bietet die Chance persönlichen Wachstums.

Die Rolle der Anleiterin

Die Motive, die Rolle der Anleiterin auf sich zu nehmen, können sehr unterschiedlich sein: Vielleicht möchten Sie als Anleiterin eigenes Wissen und Erfahrungen an den beruflichen Nachwuchs weitergeben, vielleicht erhoffen Sie sich einen anregenden Austausch über Ziele und Hintergründe der Arbeit, der im pädagogischen Tagesgeschäft oft zu kurz kommt. Praktikantinnen können als Bedrohung („Hoffentlich entsprechen meine Methoden noch dem neuesten Stand der Ausbildung.“) oder als Bereicherung („Ich kann meine Arbeit nach außen transparent machen und bekomme eine Rückmeldung.") wahrgenommen werden. Wer bereits einmal die Anleitungsaufgabe übernommen hat weiß, dass die Annahme, durch eine Praktikantin entlastet zu werden, in der Regel ein Trugschluss ist. Anleitung braucht Zeit, sie bedeutet Mehrarbeit und zusätzliche Belastung.

In Deutschland sind die sozialpädagogischen Berufe vom Ausbildungssystem und von der tariflichen Einordnung her hierarchisch angelegt. Die berufliche Qualifikation der Anleiterin muss in der Regel mindestens dem von der Praktikantin angestrebten Beruf entsprechen. Einige Ausbildungsrichtlinien schreiben eine 2- oder 3-jährige Berufstätigkeit für die anleitende sozialpädagogische Fachkraft vor.

Anleiterinnen sehen sich einem hohen, wenn auch nicht immer ausgesprochenen Anspruch ausgesetzt: Nur wer selbst qualifizierte Arbeit leistet, kann für den beruflichen Nachwuchs ein Modell sein. Sie müssen in ihren Kompetenzen einen Vorsprung gegenüber der Praktikantin haben, damit sie als Vorbild im Handeln und in ihrem Denken Möglichkeiten der Identifikation und Imitation bieten können. Da sie nicht nur Wissen vermitteln sondern in Ihrem Handeln auch Werthaltungen und Standpunkte deutlich werden, sind sie in ihrer ganzen Person gefordert.

Ebenso wie die Praktikantin kann die Anleiterin in ihrer Rolle unter Unsicherheiten leiden, wenn ihre Aufgaben, Kompetenzen und die an sie herangetragenen Erwartungen nicht offen dargelegt werden.

Als Anleiterin stehen Sie in der Verantwortung, die Bedingungen dafür zu schaffen, dass die Praktikantin die Rollenübernahme in Schritten vollziehen kann und die Aufgaben auch der Rolle entsprechen. Wird eine Praktikantin z.B. als Springkraft eingesetzt, widerspricht das der Rolle einer Auszubildenden. Praktikantinnen sind keine Krankheitsvertretungen und kein Ausgleich für unbesetzte Planstellen. Selbstständiges pädagogische Planen und Handeln ist das Ausbildungsziel, nicht die Eingangsvoraussetzung. Nicht nur in der Orientierungsphase nehmen Sie gegenüber der Praktikantin eine unterstützende und beratende Rolle ein: Sie signalisieren, dass kleinere Fehler gemacht werden dürfen, zeigen gegenüber Außenstehenden Verschwiegenheit und geben Hilfestellungen. Ein pädagogisches Verhältnis zwischen Ihnen und der Praktikantin baut sich nach und nach auf.

Sieht sich die Anleiterin nicht in einer pädagogischen Rolle, sondern gegenüber der Praktikantin in erster Linie als Teamkollegin, kann es zu Inter-Rollenkonflikten kommen. Die Rolle „Teamkollegin“ ist mit dem Anspruch der Gleichberechtigung verbunden, die Rolle der Ausbildenden nicht, da ein reales Machtgefälle zwischen Anleiterin und Praktikantin besteht. Sie muß eingreifen, wenn die Praktikantin Fehler macht oder ihre Haltung fragwürdig ist. Sie erteilt Weisungen, sie lobt oder ermahnt vielleicht.

Die Autorität der Anleiterin ist nicht nur an ihre Position gebunden, sondern sollte besonders in ihrer Persönlichkeit und ihrer Fachkompetenz begründet sein. Durch Fragen, Kritik und Verbesserungsvorschläge von Seiten der Praktikantin sollten Sie sich nicht in Ihrer Rolle in Frage gestellt sehen. Autorität zu besitzen bedeutet nicht, alles immer richtig machen zu müssen oder alles nachprüfen zu müssen. Sie wird vor allem dadurch gesichert, dass es Ihnen gelingt, für die Praktikantin Lernsituationen zu schaffen, die ihr die notwendigen Kenntnisse über das Arbeitsfeld mit seinen Methoden vermitteln und ihr zu einem professionellen Selbstverständnis verhelfen. Sie müssen sich dazu individuell auf die Praktikantin einstellen. Praktikantinnen bringen, abhängig vom Ausbildungsstand, vom Lebensalter, von den Fähigkeiten und Grundeinstellungen, die unterschiedlichsten Voraussetzungen mit.

Wird das Praktikum beurteilt, begegnet die Anleiterin einem Teilaspekt der Rolle, der ungewohnt ist und oft als unangenehm empfunden wird. Sozialpädagogisches Selbstverständnis gründet in Beratung und Hilfe, nicht in Beurteilung oder gar Selektion. Die Wirklichkeit Schule mit ihrer gesellschaftlich vorgegebenen Auslesefunktion unterscheidet sich wesentlich von sozialpädagogischen Arbeitsfeldern, in denen die Praktikantinnen später tätig sind. Nimmt die Anleiterin nur die unterstützenden und beratenden Anteile an, die die Rolle bereithält, erfüllt sie Ihre Rolle nicht voll. Die Zusammenarbeit mit der Institution Schule mit ihren Noten und Auswahlverfahren führt dazu, dass Sie die Qualität der Arbeit einer Praktikantin (mit)beurteilen. Wird sie mit der Aufgabe konfrontiert, eine Aussage über die Eignung oder Nicht-Eignung eines anderen Menschen für ein Arbeitsfeld oder einen Beruf zu treffen, wirft das viele Fragen auf und erfordert ein hohes Maß an Verantwortlichkeit. Viele Anleiterinnen fühlen sich auf diese Aufgabe nur unzureichend vorbereitet. Trotzdem ist es notwendig, die Aufgabe einer Beurteilenden bewusst anzunehmen. Langfristig wird dadurch die Qualität der Arbeit in dem Bereich, in dem die Anleiterin selbst tätig ist, gesichert.

Holen Sie sich in Ihrer Rolle als Anleiterin die Unterstützung der Leitung, der Kollegen und der Fachberatung. Machen Sie Anleitung zum Thema von Supervision.

Die Rahmenbedingungen für eine qualifizierte Anleitung des beruflichen Nachwuchses sind oft unzureichend. Bei der Beschreibung der Verfügungszeit von Erzieherinnen in Kindertagesstätten (der Zeit für die Vor- und Nachbereitungszeiten, Dienstbesprechungen und Elternarbeit) kommt Zeit für Anleitung von Praktikantinnen nicht selbstverständlich vor. Trotz der schlechten Voraussetzungen finden sich immer wieder Kolleginnen, die die Anleitungsaufgabe mit Engagement auf sich nehmen. Um die Qualität der Arbeit in den Einrichtungen zu sichern und zu verbessern, müsste die Qualifizierung des beruflichen Nachwuchses in den Stellenbeschreibungen und in den Tarifverträgen viel stärker berücksichtigt werden. Es ist eine zentrale und originäre Personalentwicklungsaufgabe der Träger, für qualifizierten beruflichen Nachwuchs zu sorgen. Sie müssen durch Qualifizierungsmaßnahmen und Fortbildungen Vorkehrungen dafür treffen, dass berufserfahrene Fachkräfte gezielt auf die Anleiterinnentätigkeit vorbereitet werden.

Die Rolle der Lehrkraft

Die Rolle, die der Lehrkraft bei der Betreuung der Praktikantin zukommt, ist abhängig vom Organisationsrahmen, der von der Schule für das Praktikum festgelegt wurde, das heißt, in welcher Form und wie häufig Kontakte zwischen beiden Institutionen stattfinden und ob die Besuche der Lehrkraft eher eine beratende oder beurteilende Funktion haben.

Die Lehrkraft soll bei der Integration von Wissen und bei der Entwicklung des praktischen Könnens Hilfe anbieten. Neben den vielen Möglichkeiten, die das Praktikum eröffnet, werden oft auch Grenzen sichtbar, die in der

Institution, in den Kindern oder Jugendlichen oder auch in der Praktikantin selbst liegen. Im günstigen Fall kann der Lehrer dabei behilflich sein, die Praktikantin vor Resignation oder innerer Verhärtung zu schützen.

Lehrer für Sozialpädagogik an berufsbildenden Schulen haben einen Widerspruch zu überwinden: Innerhalb schulischer Strukturen bilden sie Spezialisten für die Erziehungs- und Bildungsarbeit in außerschulischen Strukturen aus. Viele sehen ihre Aufgabe darin, ganzheitliche sozialpädagogische Lernformen zu entwickeln, die sich ausdrücklich von konventionellen schulischen Lernformen unterscheiden.

Bei den Besuchen in der Praxis werden sozialpädagogische und schulische Aufgaben wahrgenommen. Eine Abkopplung der Praxisbesuche vom Unterricht durch eigens freigestellte Praxisbetreuer ist nicht sinnvoll, ebenso der Einsatz von Lehrkräften, die nicht in den berufsbildenden Fächern oder Lernbereichen unterrichten. Der besuchende Lehrer sollte sozialpädagogische Inhalte und Methoden repräsentieren und Theorie und Praxis verbinden können. Zur Rolle der besuchenden Lehrkraft gehören folgende Funktionen:

- **Administrativfunktion**
  Die Lehrkraft hat die Aufgabe, dass den Grundsätzen der Institution Schule und den Ausbildungsrichtlinien entsprochen wird. Sie muss einschätzen, ob das Praktikum einen geordneten Verlauf nimmt. Sie übt somit eine Kontrollfunktion aus.

- **Lehrfunktion**
  Lehrkräfte vertreten die an der schulischen Ausbildungsstätte gelehrten Inhalte und deren Bezug zur Praxis. Lehrkräfte, die Praktikantinnen betreuen, sollten besondere Kenntnisse im methodisch-didaktischen Bereich und in Gesprächsführung besitzen.

- **Beratungsfunktion**
  Die Lehrkraft ist ein Gesprächspartner, dem es darum geht, gemeinsam mit der Praktikantin und der Anleiterin den jeweils besten Weg zu suchen. Die Beratung bezieht sich auf Denkmodelle, die die Analyse der Praxis erleichtern, oder auf das Bewusstmachen der Gefühle der Praktikantin, falls es sich für die pädagogische Praxis als notwendig erweist. Sie kann Anregungen geben zum systematischen Be-

obachten und Sammeln von Fakten, sie kann Hilfen geben bei der Analyse des Beobachteten, beim Erkennen von Bedingungen und vermuteten Ursachen. Sie kann ebenfalls Anstöße geben bei der Durchführung der Aufgaben der Praktikantin, bei der Aufstellung von Plänen für gezielte Angebote, bei der Planung von Projekten oder bei der Planung eines Erziehungsvorhabens.

- **Beurteilungsfunktion**
  Die Beurteilungsfunktion der Lehrkraft gehört zum umstrittensten Teil der Rolle. Durch den Vergleich mit anderen Praktikantinnen kann die Lehrkraft Unterschiede im Verlauf des Praktikums feststellen. In der Regel wird sie versuchen, der Praktikantin Hilfen zur kritischen Selbsteinschätzung zu geben. Sie muss bewerten, ob der Lernverlauf durch eine Vorwärtsbewegung, durch Stillstand oder durch Rückschritt gekennzeichnet ist und ob die für das Praktikum festgelegten Ziele erreicht wurden. Wird das Praktikum benotet, muss sie die Note rechtlich vertreten können.
- **Vermittlungsfunktion**
  Die Lehrkraft nimmt eine vermittelnde Rolle zwischen Praxisstelle und Schule ein. Sie nimmt Kontakt auf mit neuen Anleiterinnen und den Leitern von Einrichtungen und hält den Kontakt während des Praktikums aufrecht. Eventuell werden auch Arbeitsgemeinschaften oder Gruppenseminare mit Praktikantinnen verschiedener Einrichtungen durchgeführt. Im Idealfall sollte ein beständiger Austausch zwischen dem Lernort „Schule“ und Lernort „Praxis“ gewährleistet sein. Bereits bei der Erstellung des Ausbildungsplanes für die praktischen Ausbildungsabschnitte sollten beide Lernorte kooperieren. Der hohe Anspruch einer Verzahnung von Theorie und Praxis erfordert eine Orientierung an Methoden der Erwachsenenbildung, die in besonderem Maße selbstständiges, projektorientiertes und individuelles Lernen erlauben. Lernende und Lehrende gestalten ihre Lernumgebung gemeinsam, treffen organisatorische Absprachen und setzen je nach lokaler oder aktueller Situation gemeinsam inhaltliche Schwerpunkte.

Zusammenfassung

Praktikantin, Anleiterin und Lehrkraft üben **soziale Rollen** aus. Rollen werden vermittelt über Erwartungen und Sanktionen. Die **Praktikantin** sollte sich Fremd- und Eigenerwartungen bewusst machen und kritisch betrachten. Zur Rolle der **Anleiterin** gehören unterstützende, beratende und beurteilende Anteile. Anleiterinnen müssen für ihre Aufgabe besonders qualifiziert sein und Unterstützung durch den Träger erfahren. Die **Lehrkraft** hat eine administrative, lehrende, beratende, beurteilende und vermittelnde Funktion. Die Kooperation der Lernorte Praxis und Schule ist eine wesentliche Voraussetzung für eine gelungene Ausbildung.

Arbeitshilfe: Rollenklärung

Machen Sie deutlich, welche Personen oder Personengruppen Erwartungen an Sie als Rollenträgerin richten. Welche Rollensegmente ergeben sich daraus?

Beispiel: Die Rolle der Praktikantin im Kindergarten:

Rollensegmente

Praktikantin – Anleiterin

Praktikantin – einzelnes Kind

Praktikantin – Kindergruppe

Praktikantin – Team

Praktikantin – Eltern

Praktikantin – Träger

Praktikantin – Lehrer

Welche Erwartungen richten die genannten Personen oder Gruppen an Sie in ihrer Rolle? Schreiben Sie die vermuteten Erwartungen auf. Analysieren Sie, welche Erwartungen einander widersprechen (Potenzial für Intra-Rollenkonflikte) und prüfen Sie, inwiefern die Fremderwartungen mit Ihren eigenen Erwartungen übereinstimmen. Welche Prioritäten wollen Sie sehen? Wo müssen Sie Kompromisse schließen, wo müssen Sie Abstriche machen?

Beispiel: Erwartungen an die Praktikantin im Kindergarten:

- Kinder in ihrer Entwicklung fördern.
- Eine emotional warme Beziehung zu den Kindern herstellen.
- Einzelne Kinder nicht bevorzugen.
- Eigene Ideen entwickeln.
- Grenzen setzen.
- Aktivitäten mit Teilgruppen durchführen.
- Sich in bestehende Arbeitsabläufe einfügen.
- Kindern Raum für selbstständiges Handeln geben.
- Einzelne Kinder intensiv fördern.
- An Elternabenden teilnehmen.
- Fragen stellen, Interesse zeigen.
- Die eigene Arbeit kritisch reflektieren.
- Berichte über die geleistete Arbeit verfassen.
- Verschwiegenheitspflicht einhalten.

Kapitel 5
Das Praktikum als Entwicklungsprozess

Ausbildungspläne

Zielsetzung einer sozialpädagogischen Ausbildung ist es zum einen, *berufliche Kompetenz* zu vermitteln, zum anderen ist es der Aufbau einer *persönlichen und beruflichen Identität.* Die berufliche Kompetenz zeigt sich in der Fach- und Methodenkompetenz, zu der auch besondere soziale und kommunikative Fähigkeiten gehören. Die persönliche Identität setzt eigene Werthaltungen voraus. Die berufliche Identität ist an eine professionelle Distanz geknüpft, aber auch an die Annahme des gesellschaftlichen Auftrages, der mit dem Beruf verbunden ist.

Ein Praktikum trägt dann zur Identitätsfindung und Kompetenzentwicklung bei, wenn es von seiner Struktur her bewusst auf Entwicklung angelegt ist. Sowohl die Entwicklung von Kompetenz als auch die Entwicklung von persönlicher und beruflicher Identität ist wichtig bei der Festlegung von Qualifikationen, die die Praktikantin erreichen sollte.

Einige Ausbildungsgänge sind von vornherein an Entwicklungsaufgaben orientiert, die aktiv bewältigt werden müssen, um den Bildungsgang erfolgreich abzuschließen. Entwicklung kann nur bedingt geplant werden, trotzdem sollte es Vereinbarungen zwischen den Lernorten Schule und Praxisstelle geben, die über eine allgemeine Rahmenvereinbarung hinausgehen.

Manche Anleiterin begegnet vorgegebenen Plänen mit Skepsis, da sie eine Einengung von Handlungsspielräume und eine zusätzliche Belastung mit Verwaltungstätigkeiten bedeuten können. Auch manche Praktikantin ist von Absprachen nicht begeistert:

„Das nimmt mir jede Spontaneität! Ich möchte mich einfach ausprobieren können! Es kommt doch darauf an, einfach Nähe zu den Kindern herzustel-

len!" (Eine Erzieherin in Ausbildung auf die Ankündigung eines Ausbildungsplanes)

Solche Reaktionen sind verständlich, Absprachen über den geplanten Verlauf des Praktikums sind jedoch von großem Nutzen. Ein Agreement zwischen den beteiligten Personen und Gruppen stellt Verbindlichkeiten her und schafft Transparenz für die Praktikantin. Auch wenn solche Übereinkünfte nicht ausdrücklich durch Richtlinien eingefordert werden, tragen sie zur Orientierung bei und wirken Abhängigkeitsgefühlen entgegen.

Viele Absprachen erfolgen in der Regel mündlich, erfolgt eine schriftliche Festlegung, sollten nicht zu starre Strukturen vorgegeben werden, sondern genügend Spielraum für individuelle Entwicklungen bleiben. Anleiterin und Lehrkraft müssen darauf achten, dass das Anforderungsniveau so auf die Praktikantin ausgerichtet wird, dass sie die Aufgaben bewältigen und an ihnen wachsen kann.

Fühlen Sie sich als Praktikantin den Ansprüchen nicht gewachsen, sollten Sie das direkt ansprechen, ein Ausbildungsplan ist keine zusätzliche Bürde, sondern entlastet von unklaren Erwartungen und bietet die Möglichkeit, am Ende des Praktikums (selbst)bewusst auf die eigene Entwicklung zurückzublicken.

Schwerpunkte setzen

Ein individuell zugeschnittener Praktikantenplan muss auf das Arbeitsfeld abgestimmt werden, in dem die Praktikantin tätig ist:

- **Arbeitsfeld Kindergarten**
  Im Kindergarten geht es um die Kontaktaufnahme zu einzelnen Kindern, zur Gruppe und zu den Mitarbeitern. Sie bekommen Einblick in Entwicklungsstufen einer bestimmten Altersgruppe und lernen deren Bedürfnisse und Themen kennen (z. B. Neu sein in der Gruppe, Jahreszeiten und Feste, Umgang mit Konflikten, Übergang Kindergarten/ Schule ...). Je länger das Praktikum dauert, umso eher können die Inhalte und Ziele aus den eigenen Erfahrungen mit der Gruppe entwickelt werden. Sie gewinnen nach und nach einen Überblick über die Struktur der Gruppe und die Funktion der Einrichtung und setzen

sich mit den Bedingungen der Arbeit und der Konzeption des Kindergartens auseinander. Sie lernen, sich auf die Kinder einzustellen und Ihre Arbeit gezielt zu planen. In der Kindergartengruppe arbeiten Sie eng mit der Gruppenerzieherin und der Zweitkraft zusammen.

- **Arbeitsfeld Hort**
  Im Hort oder in betreuten Grundschulen sind Sie anderen Anforderungen ausgesetzt: Hortarbeit bewegt sich im Spannungsfeld zwischen Elternhaus und Schule, die Erfahrungen der Hortkinder in diesen Feldern prägen die praktische Arbeit. Aktuelle, oft problembeladene Situationen der Hortkinder müssen erkannt und in der Arbeit berücksichtigt werden. Hilfestellung bei der Bewältigung schulischer Aufgaben oder das Organisieren von ausgleichenden Spielsituationen und Freiräumen gehören zum pädagogischen Alltag. Durch die pädagogische Arbeit sollen die Kinder zu einem sicheren Umgang mit ihrer Umwelt und zu einem selbstbestimmten Freizeitverhalten geführt werden.
  Sie können mit einzelnen Kindern arbeiten (z. B. Hausaufgabenhilfe), mit kleineren Gruppen (z. B. Durchführung freizeitpädagogischer Aktionen) oder mit einer größeren Gruppe (z. B. Festvorbereitung). Das Bedürfnis der Hortkinder, wie andere Gleichaltrige nach der Schule eigenen Interessen nachgehen zu können, muss respektiert werden.

- **Arbeitsfeld „Hilfen zur Erziehung“**
  Im vielfältigen Arbeitsbereich der Hilfen zur Erziehung tritt die Arbeit mit dem einzelnen Kind oder Jugendlichen stärker in den Vordergrund. Unter der Überschrift „Hilfen zur Erziehung“ werden im Kinder- und Jugendhilfegesetz (§§ 27–35 SGB VIII) stationäre und ambulante Formen von Hilfsangeboten für Kinder oder Jugendliche zusammengefasst. Betont wird der freiwillige Charakter der Hilfen und die Notwendigkeit der Zusammenarbeit mit den Familien. Die Arbeit in den stationären Formen der Hilfen zur Erziehung (Kinder- und Jugendheime, Wohngruppen) geschieht in der Regel im Schichtdienst. Das Verhalten der Praktikantin gegenüber dem Kind/Jugendlichen in Einrichtungen der Erziehungshilfe muss im Zusammenhang mit den Gründen gesehen werden, die die Hilfen zur Erziehung notwendig

machen. Die Funktion der angebotenen Hilfe muss bewusst wahrgenommen werden.
Ausgangspunkt der Arbeit sind häufig problematische Verhaltensweisen der Kinder oder Jugendlichen, die korrigiert werden sollen. Für die pädagogische Arbeit bieten jedoch gerade die besonderen Stärken und positiven Verhaltensansätze des Einzelnen gute Ansatzpunkte.
Im Arbeitsfeld der Hilfen zur Erziehung ist der größte Teil der Arbeit „Beziehungsarbeit" und Arbeit an der Herstellung einer positiven Gruppenatmosphäre. Einige pädagogische Themen erhalten vielleicht ein besonderes Gewicht, z. B. das Spannungsverhältnis zwischen Freiheit und Kontrolle oder zwischen Nähe und Distanz. Es ist eine schwierige Aufgabe, nicht nur reagierendes Verhalten zu zeigen, sondern Erziehung in Zusammenarbeit mit anderen zu planen und das eigene Verhalten in vielen Bereichen zu kontrollieren. Eine mögliche Aufgabe kann die Planung, Durchführung und Reflexion eines Erziehungsvorhabens sein. Kurzzeitpraktika bieten dazu allerdings kaum die Voraussetzungen.
Die Praktikantin teilt den Alltag mit den Kindern oder Jugendlichen und versucht wie die anderen Mitarbeiter Hilfestellungen dabei zu geben, lebenspraktische Dinge zu organisieren (z. B. einkaufen, kochen, kleinere Reparaturen durchführen ...). Häufig wird es auch darum gehen, Kinder in schulischen Dingen zu betreuen, zu beraten und gemeinsam mit ihnen Freizeit sinnvoll zu gestalten, indem Außenkontakte gefördert werden (Vereine, Freizeiteinrichtungen). Geplante Aktivitäten (Spielaktionen, Freizeitprojekte, Übungen zur Bewältigung des täglichen Lebens) müssen sich sinnvoll in den Gruppenalltag einfügen. Die Praktikantin wird sich im Laufe der Zeit immer mehr auf die Situation in der Gruppe, auf Bedürfnisse und Anregungen einstellen können, ihr Auftreten gegenüber der Gruppe wird sicherer werden und zu Einzelnen wird sie vielleicht eine vertrauensvolle Beziehung aufbauen können.
Die Notwendigkeit der Absprache der Arbeit im Team erfährt sie täglich (z. B. bei der Übergabe im Schichtdienst). Werden Schwierigkeiten mit den Kindern oder Jugendlichen offen angesprochen, kann gemeinsam im Team das angemessene pädagogische Verhalten abgeklärt werden.

Sie sollten als Praktikantin so weit wie möglich die organisatorischen Strukturen kennen lernen, in denen gearbeitet wird. Der Aufbau miteinander vernetzter Jugendhilfeeinrichtungen und die Zuständigkeitsbereiche der Mitarbeiter ist für Außenstehende oft nur schwer zu erfassen. Wer Einblick in Entwicklungsberichte bekommt und an Besprechungen teilnehmen kann, in denen es um die Erziehungsplanung geht, kann bei längeren Praktika unter Anleitung Aufgaben innerhalb der Erziehungsplanung übernehmen.
Um die nötige Sicherheit im Umgang mit Funktionsträgern und Behörden zu erwerben, sollte auch die Zusammenarbeit mit anderen Institutionen und Personen außerhalb der Einrichtung (Eltern, Lehrer, Psychologen ...) in zuvor klar umrissenen Grenzen eingeübt werden.

- **Arbeitsfeld Jugendarbeit**
  In der Jugendarbeit geht es um Kontakte zu einzelnen Jugendlichen, aber auch um Angebote für spezielle Zielgruppen. Jugendarbeit ist oft durch eine große Altersstreuung und starke Fluktuation gekennzeichnet. Vor dem Hintergrund des pädagogischen Konzeptes der Einrichtung erfahren Sie unterschiedlichste Bedürfnisstrukturen und Interessen. Typische Themen des Jugendalters (Ausbildung/Schule, Sexualität, Medien, Drogen, Zugehörigkeit zu einer Gruppe ...) können die Arbeit im Jugendfreizeitheim oder Jugendzentrum bestimmen. Freizeitangebot und Beratung gehen oft fließend ineinander über.
  Im Praktikum nehmen Sie Kontakt auf, beobachten Sie und führen Sie Gespräche mit den Jugendlichen. Sie erfassen persönliche, schulische oder berufliche Probleme, besprechen diese mit anderen Mitarbeitern und versuchen gemeinsam, daraus angemessene Vorgehensweisen zu entwickeln. Die Voraussetzungen und Bedingungen der Arbeit und die Lebens- und Erfahrungswelten der Jugendlichen bestimmen oft die pädagogische Arbeit. Auch für erfahrene Pädagogen ist es ein schwieriges Geschäft, immer wieder neu mit den Jugendlichen Initiativen zu entwickeln, die gemeinsam getragen werden. Elternarbeit spielt kaum eine Rolle, die Zusammenarbeit mit anderen Institutionen hat größeres Gewicht: Kontakte mit dem Jugendamt, der Berufsberatung oder anderen Beratungsstellen, mit Vereinen oder politischen Gruppen sind ein wesentlicher Teil der Arbeit.

- **Arbeitsfeld Arbeit mit Menschen mit Behinderung**
  Arbeit mit Menschen mit Behinderung findet nicht nur in speziell für diese Gruppe konzipierten Einrichtungen statt, sondern auch in integrativen Gruppen in Kindergärten, Schulen oder anderen Institutionen. Bei der Arbeit mit Menschen mit Behinderung ist die Bewältigung des alltäglichen Lebens Kernpunkt der Arbeit. Das Einnehmen von Mahlzeiten oder die Körperhygiene lassen sich von originär pädagogischen Tätigkeiten nicht trennen. Durch Absprachen mit den Teammitgliedern und durch eigene gezielte Beobachtungen werden Fördermöglichkeiten entwickelt, die Sie innerhalb und außerhalb der Gruppe mit übernehmen können. Eventuell besteht die Möglichkeit, dass Sie sich um ein einzelnes Gruppenmitglied für die Dauer des Praktikums besonders kümmern. Durch Hospitation haben Sie die Chance, diagnostische und therapeutische Verfahren kennen zu lernen. Wie in den anderen Bereichen auch, sollten Sie bei Teambesprechungen, Elternarbeit und Außenkontakten einbezogen werden. Praktikantinnen im Bereich Menschen mit Behinderung betonen oft die enge emotionale Bindung, die zu den betreuten Menschen entsteht. Es ist dann kaum noch vorstellbar, dass manchmal eine eigene Hemmschwelle überwunden werden musste, um sich für diesen Arbeitsbereich zu entscheiden.

Vom Beobachten zur Gruppenführung – Phasen im Praktikum

Die Entwicklung der Praktikantin vollzieht sich in Entwicklungsstufen, die je nach Praktikumsart mit unterschiedlichen Zielen und Inhalten gefüllt werden können:

- **Phase I: Orientierung**
  Sich vorstellen, orientieren, einleben und anfangen.
- **Phase II: Erprobung/Vertiefung**
  Erproben, üben, vertiefen (auch als eigene Phase möglich).
- **Phase III: autonome Handlungskompetenz**
  Selbstständig und kompetent handeln, Abschied nehmen.

Damit die Praktikantin schrittweise in ihrer Entwicklung vorankommen kann, sollte sie zunächst selbst überlegen, was sie im Praktikum erreichen möchte und sich eigene Ziele setzen. Anleiterin, Praktikantin und Lehrkraft können dann gemeinsam überlegen, welche Ziele und Anforderungen sinnvoll sind und möglichst zu einer gemeinsamen Übereinkunft kommen. Die Anforderungen können langsam gesteigert werden.

Die Erfahrungsfelder in den unterschiedlichen Arbeitsbereichen müssen daraufhin überprüft werden, inwieweit sie der Kompetenzentwicklung und Identitätsfindung dienen. Sie sind Ausgangspunkt, um die in den Ausbildungsordnungen vorgegebenen Ziele in einem gemeinsamen Prozess zu konkretisieren und mit Leben zu füllen.

Beispiel: Arbeitsbereich Kindergarten

- **Erfahrungsfeld Gruppe**
  Die Arbeit mit der Kindergruppe ist sehr komplex und umfasst die Organisation des Tagesablaufs, die Freispielführung, die Gruppenregeln, die Differenzierung in Teilgruppen und das individuelle Eingehen auf einzelne Kinder. Die Praktikantin sieht die Gruppe, einzelne Kinder und den vorgegebenen Rahmen, in dem die Arbeit stattfindet, immer differenzierter. Sie braucht Zeit, bis sie das einzelne Kind in seiner Bedürfnisstruktur wahrnimmt, bis sie Gruppenprozesse erkennt und sich auf plötzlich und unerwartet ergebende Situationen einstellen und handeln kann.

  Mögliche Aufteilung in Phasen:
  Phase I: Die Praktikantin bringt sich in den Tagesablauf ein, indem sie im Freispiel mitspielt und ein Beobachtungsthema entwickelt. Sie verschafft sich einen Überblick über die Gruppenregeln.
  Phase II: Die Praktikantin achtet mit auf die Einhaltung von Gruppenregeln, übernimmt die Organisation bestimmter Phasen während des Tagesablaufs (z. B. Frühstück oder Übergänge zwischen Freispielphase und Gruppenaktivitäten). Sie nimmt Stellung zum Beobachteten und führt Aktivitäten mit Teilgruppen durch.

Phase III: Die Praktikantin übernimmt Teilbereiche der Freispielführung und leitet ein Gespräch mit der Gesamtgruppe.

- **Erfahrungsfeld Bildungs- und Erziehungsarbeit**
  Dem Kind werden im Kindergarten Räume geboten, anderen zu begegnen und sich zu entfalten. Räume werden gestaltet und Spielmaterialien werden ausgewählt. In seiner Entwicklung wird das Kind beobachtet und es bekommt Anregungen und Hilfestellungen. Die Praktikantin bekommt Einsicht in Möglichkeiten und Notwendigkeiten der gezielten Förderung einzelner Kinder und wirkt schließlich daran mit.
  Sie lernt ein didaktisches Modell kennen, nach dem im Kindergarten gearbeitet wird, sie wird an der Planung, Durchführung und Reflexion didaktischer Einheiten oder an Projekten beteiligt und führt eigene Aktivitäten oder thematische Einheiten durch.

  Mögliche Aufteilung in Phasen:
  Phase I: Die Praktikantin verschafft sich einen Überblick über die Gestaltung des Raumes, über das Spielmaterial und über Themen in der Gruppe. Sie bringt Beobachtungen ein und hospitiert bei der Durchführung von Aktivitäten.
  Phase II: Sie macht Vorschläge für die Durchführung von Einzelaktivitäten zum Gruppenthema, bespricht die Vorplanung mit der Anleiterin, führt die Aktivitäten in Anwesenheit der Anleiterin durch und reflektiert sie. Sie versucht Situationen zu erfassen, die für die Kinder eine besondere Bedeutung haben.
  Sie leitet aus Beobachtungen gemeinsam mit der Anleiterin individuelle Erziehungsziele ab.
  Phase III: Die Praktikantin leistet Einzelförderung unter Einbeziehung eigener Ideen.
  Sie plant ein aus mehreren Teilaktivitäten bestehendes thematisch zusammenhängendes Vorhaben, führt es durch und reflektiert es.

- **Erfahrungsfeld Elternarbeit**
  Auch die Fähigkeit zur Zusammenarbeit mit den Eltern kann eingeübt werden. Das Ausmaß der Erfahrungen beim Führen von Gesprächen

mit Eltern oder bei der Planung von Elternabenden ist abhängig von der Zeitspanne, die die Praktikantin in der Einrichtung tätig sein kann.

Mögliche Aufteilung in Phasen:

Phase I: Die Praktikantin stellt sich durch Aushang mit Bild und Namen den Eltern vor. Werden die Kinder gebracht, nimmt sie die Eltern wahr, begrüßt diese und ordnet nach und nach Eltern und Kinder einander zu. Am ersten Elternabend nimmt die Praktikantin teil.

Phase II: Die Praktikantin führt vereinzelt Gespräche mit den Eltern zum Tagesgeschehen. Sie gestaltet mit der Anleiterin Elterninfos, stellt per Aushang geplante Aktivitäten mit den Kindern vor und nimmt eventuell passiv an einem Elterngespräch teil.

Phase III: Die Praktikantin führt ein Elterngespräch bezogen auf das individuelle Verhalten des Kindes im Einzelspiel und in der Gruppe (ohne Beratung). Sie gestaltet gemeinsam mit der Anleiterin einen Elternabend, übernimmt an dem Abend eine aktive Rolle. Sie dokumentiert ihre Arbeit und stellt sie den Eltern vor.

- **Erfahrungsfeld Teamarbeit**
  Gute Teamarbeit ist gekennzeichnet durch offene Kommunikation und einen achtungsvollen Umgang miteinander. Schwierigkeiten im Team, mit der Arbeit oder mit den Kindern werden offen angesprochen. Gemeinsam gefasste Beschlüsse werden von allen eingehalten, es gibt verbindliche Absprachen untereinander. Die Teammitglieder sind diskussionsfähig, hören einander zu, lassen andere zu Wort kommen und bringen sich selbst ein. Es gibt eine Bereitschaft, das eigene Verhalten mit Hilfe der anderen kritisch zu überprüfen. Konflikte werden nicht zugedeckt, sondern es ist allen bewusst, dass Macht- und Konkurrenzbedürfnisse bei jedem Mitarbeiter, also auch bei einem selbst, nicht auszuschließen sind.
  Die Praktikantin wird zunächst nur Gespräche am Rande der Gruppentätigkeit führen. An Dienstbesprechungen wird sie zunächst eine eher passive Haltung einnehmen, bevor sie sich aktiv einbringt. Bei

längeren Praktika kann sie versuchen, ihren eigenen Standort innerhalb des pädagogischen Konzeptes zu finden und deutlich zu machen.

Mögliche Aufteilung in Phasen:

Phase I: Die Praktikantin informiert sich über Umgangsformen (Anrede) und Organisatorisches (Verfahren bei Krankmeldung). Sie nimmt an der Dienstbesprechung teil.

Phase II: Die Praktikantin berichtet von ihrer Einsicht in die Gruppenarbeit. Sie spricht mit der Anleiterin mögliche Aufgabenteilungen während des Freispieles ab und hält sich an die Absprachen.

Phase III: Sie stellt innerhalb der Einrichtung ein durchgeführtes Projekt vor und tauscht sich darüber mit den Kolleginnen aus.

Andere Erfahrungsfelder im Kindergarten können ergänzt und in Phasen aufgeteilt werden. Die Institution selbst, die Öffentlichkeitsarbeit und die Zusammenarbeit mit Institutionen bieten weitere Ansatzmöglichkeiten.

Eigenarbeit

Praktika sind auf Entwicklung angelegt. Es geht um Wissenserwerb und um das Einüben und Entwickeln sozialer und kommunikativer Fähigkeiten, die die ganze Person umfassen und die in konkrete Handlungen münden sollen. Entwicklung heißt immer auch Veränderung. Um eine Orientierung zu bekommen, was verändert werden sollte und in welche Richtung die Veränderung gehen könnte, benötigt die Praktikantin die Rückmeldung durch andere. Veränderungen herbeiführen kann nur sie selbst.

Artikulieren Sie als Praktikantin Ihre eigenen Gedanken, Erwartungen, Wünsche, Befürchtungen. Eigenarbeit ist nur bedingt planbar. Setzen Sie sich dennoch Ziele, indem Sie sich fragen, was Sie im Praktikum erreichen möchten und was Sie eventuell verändern möchten, um im Praktikum noch erfolgreicher zu sein.

Eigenarbeit bedeutet vor allem das Wahrnehmen von Empfindungen und das Strukturieren von Gedanken und Erlebnissen. Der eigene Beitrag besteht darin, Stärken, Verhaltensmuster und Eigenschaften realistisch einzuschätzen, das Verhalten und die Wirkung der eigenen Person möglichst objektiv zu erfassen.

Versuchen Sie, sich über Ihre Interessen und Motive klar zu werden, trennen Sie zwischen Eigen- und Fremdaufträgen. Klären Sie Ihre Erwartungen gegenüber anderen und sich selbst und machen Sie diese nach außen sichtbar. Beleuchten Sie wiederkehrende problematische Situationen und probieren Sie sich neu aus!

Durch eine ernsthaft betriebene Eigenarbeit werden Gedanken, Gefühle und Haltungen in Frage gestellt. Man erlebt sich im Fluss, gewinnt aber neue Stabilität dadurch, dass persönliche Fähigkeiten mit beruflichen Anforderungen, und Haltungen mit der beruflichen Rolle abgeglichen werden. Die zusätzlich erworbene Sicherheit wirkt auf andere authentisch – langfristig ein Zugewinn an persönlicher und beruflicher Identität.

Zusammenfassung

Ein Praktikum ist auf Entwicklung angelegt, um der Praktikantin zur Identitätsfindung und Kompetenzentwicklung zu verhelfen. Ausgangspunkt ist ein **Ausbildungsplan**. Das Praktikum kann in Orientierungsphase, Erprobungs- und Vertiefungsphase und die Phase der autonomen Handlungskompetenz aufgeteilt werden. Aus dem **Arbeitsbereich**, in dem die Praktikantin tätig ist, ergeben sich die **Erfahrungsfelder**, in denen die Praktikantin sich weiter entwickeln kann. Die **Anforderungen** des jeweiligen Arbeitsbereiches bilden die Grundlage, auf der die in den Ausbildungsordnungen vorgegebenen Ziele konkretisiert und individuell auf die Praktikantin abgestimmt werden. Veränderungen herbeiführen kann nur die Praktikantin selbst durch **Eigenarbeit** (Arbeit an der eigenen Person).

Arbeitshilfe: Schema für einen individuellen Ausbildungsplan im Arbeitsbereich Kindergarten

Bei einem individuell angelegten Ausbildungsplan werden die an die Praktikantin gestellten Anforderungen inhaltlich und zeitlich geordnet. Aus dem Arbeitsbereich können Erfahrungsfelder für die Praktikantin abgeleitet werden. Inwieweit kann die Praktikantin z. B. Erfahrungen im Bereich der Arbeit mit Einzelnen, in der Gruppenarbeit, der Elternarbeit oder Teamarbeit machen? Welche Zielsetzungen sind sinnvoll?

Erfahrungsfelder	**I. Phase Orientierung** (ca. 25 %)	**II. Phase Erprobung, Vertiefung** (ca. 50 %)	**III. Phase Autonome Handlungskompetenz** (ca. 25 %)
Gruppenarbeit			
Erziehungs- und Bildungsarbeit			
Elternarbeit			
Teamarbeit			
Öffentlichkeitsarbeit, Zusammenarbeit mit Institutionen			
Verwaltung und Organisation			

Kapitel 6
Das pädagogische Handeln planen

Erziehen und bilden als Aufgabe

Im Praktikum gibt es unzählige Situationen, in denen Sie als Praktikantin mit den Kindern oder Jugendlichen in Kontakt kommen. Vielleicht ist der Altersunterschied zu den Menschen, mit denen Sie arbeiten, nicht besonders groß, aber auch dann werden die Kinder und Jugendlichen Erwartungen an Sie als Mitarbeiterin und als Teil des Teams richten. Die Begegnungen sind durch andere Rituale und Regeln bestimmt als Begegnungen im privaten Alltag, sie werden geprägt durch die vorgegebenen Rollen – das Verhältnis zwischen Ihnen und den Kindern hat eine pädagogische Qualität.

Die Begegnungen finden in eigens geschaffenen Einrichtungen, in einem formell organisierten Rahmen mit einem besonderen sozialpädagogischen Auftrag statt. Für Erzieherinnen und andere sozialpädagogische Fachkräfte steht bei der Arbeit das gemeinsame Leben mit den Kindern und Jugendlichen im Vordergrund, das sich über einen Teil des Tages oder über den ganzen Tag erstreckt. Im Alltag ergeben sich eine Reihe von pflegerischen, organisatorischen und verwaltende Arbeiten – sie allein machen aber nicht den Beruf aus: Durch die Übernahme von *Erziehungs- und Bildungsaufgaben* leisten sie einen wichtigen Beitrag zur individuellen und sozialen Entwicklung junger Menschen außerhalb von Familie, Schule oder Arbeit. Die Bedeutung dieser Arbeit wird deutlich, wenn man sich die vielen Einzeltätigkeiten nicht isoliert vor Augen führt, sondern sich den kontinuierlichen pädagogischen Prozess anschaut, der auf die Entwicklung der Gesamtpersönlichkeit des Einzelnen und das Wohl der Gruppe gerichtet ist.

Den Kindern oder Jugendlichen als pädagogisch Handelnde gegenüberzutreten, ist für viele Praktikantinnen am Anfang eine schwer zu überwindende Hürde. Aber ebenso wie Sie im Alltag nicht nicht kommunizieren können, können Sie in ihrer Rolle als Praktikantin nicht nicht erziehen! Jedoch nicht alles ist Erziehung. Unter Erziehung versteht man im Allgemeinen die Handlungen eines Erziehenden, die absichtsvoll, zielgerichtet und zweckbestimmt sind, also die intentionalen pädagogischen Prozesse. Zur professionellen Erziehung von Kindern und Jugendlichen gehört eine bewusste Zielsetzung und das Strukturieren von Lern-, Erlebnis- und Lebenssituationen. Handlungen bewusst ausführen heißt nicht, dass jedes Wort, jede Tat geplant ist, aber es heißt, in der Lage zu sein, Situationen zu erkennen, bewusst darauf Einfluss zu nehmen und über das Geschehene kritisch nachzudenken.

Als Praktikantin können Sie sich darin üben, Erziehungs- und Bildungsprozesse bewusst zu begleiten und sie planvoll anzugehen. Erzieherische Fragen sind mit didaktischen und methodischen Fragen eng verknüpft. Erziehung und Bildung lassen sich in der praktischen Arbeit kaum voneinander trennen. Sie wirken an dem mit Ihrer Tätigkeit verbundenen Erziehungsauftrag mit, indem Sie beobachten, Zielsetzungen der Arbeit klären, Entwicklungsräume gestalten oder an individuellen Erziehungsplänen mitarbeiten. Wenn Sie eigene pädagogische Angebote im didaktisch-methodischen Bereich entwickeln, verfolgen Sie Ziele für einzelne Kinder oder für die Gruppe, Sie wählen Inhalte aus oder vermitteln sie, Sie wenden Methoden gezielt an und setzen Medien und Materialien sinnvoll ein.

Im späteren Beruf werden die genauen Vorplanungen nicht in dem gleichen Maße notwendig sein wie in der Ausbildung. Die Vorgabe, Aktivitäten und Vorhaben detailliert zu planen, stellt ein stützendes Gerüst dar. Mit zunehmender Professionalisierung werden Sie immer flexibler reagieren können und kleinschrittige Planungen können durch gröbere Ablaufbeschreibungen ersetzt werden. Aus den Planungen ergibt sich zunehmende Sicherheit, die langfristig die Grundlage für flexibles, spontanes und trotzdem sinnvolles pädagogisches Handeln ist.

Erziehungs- und Bildungsprozesse werden nicht in einem technischen Sinne vorgeplant, sie verlaufen selten linear. Sie laufen ab auf der Grundlage eines lebendigen pädagogischen Verhältnisses, das immer wieder neu erlebt wird, das mit Lernerfahrungen auch für die Erzieherin verbunden ist, oft Zugeständnisse notwendig macht und auch Raum lässt für Ungeplantes und Spontaneität. Ihre Aufgabe besteht nicht darin, Kinder gegen deren Wissen oder Willen zu „manipulieren"! Erziehen im sozialpädagogischen Bereich bedeutet nicht die möglichst perfekte Organisation von Lernprozessen, um Menschen glatt und widerspruchslos an gesellschaftliche Erfordernisse anzupassen, sondern ist das Entwickeln von Hilfen und Anregungen für Aufgaben, die vom Einzelnen oder in der Gruppe in Freiheit zu lösen sind. Planung bewegt sich im Spannungsfeld zwischen notwendiger Systematik und Offenheit, zwischen führen und wachsen lassen.

Getragen werden die Prozesse durch die Persönlichkeit von Erzieherin und zu Erziehendem. Ihr Einfühlungsvermögen, Ihre Aufgeschlossenheit, Ihre Fähigkeit, Wertschätzung zum Ausdruck zu bringen, Geduld zu zeigen und notwendige Grenzen zu setzen sind neben den planerischen Qualitäten von entscheidender Bedeutung für den pädagogischen Erfolg.

Wenn Lernprozesse unter pädagogischer Kontrolle und Zielsetzung ablaufen, ist eine *Analyse* notwendig. Erst dadurch wird eine spätere kritische Betrachtung und Reflexion des Geschehens möglich. Die Bestimmung der Faktoren soll zu einer gedanklichen Ordnung verhelfen, um Zwängen und Gewohnheiten, die unser pädagogisches Handeln ungewollt bestimmen können, zu begegnen. Daraus ergibt sich die weitere *Planung* und über die *Durchführung* und *Reflexion* kommt es dann wieder zur Analyse. Wer sich also auf Erziehung und Bildung als Aufgabe einlässt, begibt sich in einen ständigen pädagogisch-didaktischen Kreislauf.

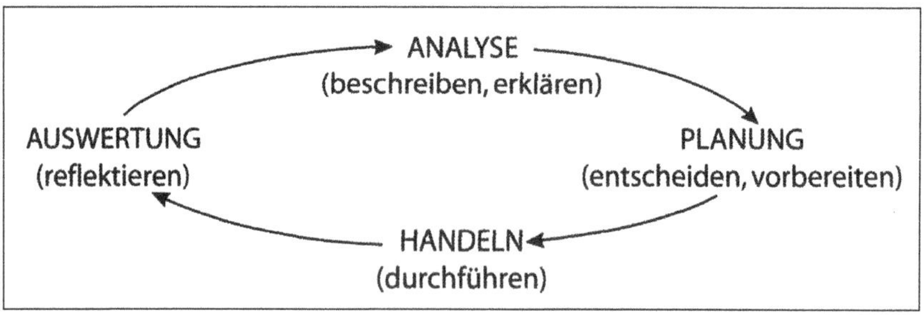

Der pädagogisch-didaktische Kreislauf

Analysieren

Die Grundlage für das pädagogische Handeln ist die vorgefundene Situation und deren Bedingungen. In der Analyse wird das Erziehungsfeld und werden die Lernbedingungen genauer untersucht. Sie können bei pädagogischen Vorplanungen das einzelne Kind oder die Gruppe im Auge haben.

Knüpfen Sie an Beobachtungen an, die Sie bereits gemacht haben und besprechen Sie diese mit Ihrer Anleiterin. Beschreiben Sie Verhaltensweisen und Situationen und versuchen Sie, zusätzliche Hintergrundinformationen zu bekommen.

- **Das einzelne Kind/der einzelne Jugendliche**
  Allgemeine Informationen wie Alter, Geschlecht, Familiensituation und Verweildauer in der Gruppe bilden den äußeren Rahmen für weitergehende Fragen nach den Bedürfnissen, Interessen, Wünschen, Motiven, Konflikten, Ängsten, Sorgen, Träumen oder Fantasien. Welche Themen und Probleme ergeben sich aus dem Alltag des Einzelnen? Wie ist die Beziehung zu anderen, zur Gruppe, zu den Pädagogen? Welche Rollen nimmt er/sie in der Gruppe ein? Wie ist sein/ihr Entwicklungsstand? Welche Voraussetzungen finden Sie im motorischen, kognitiven, emotional/affektiven, sozialen Bereich? Machen Sie sich bei Lernvoraussetzungen, Fähigkeiten und Fertigkeiten klar, ob Ihr Blick auf Kompetenzen oder auf vermeintliche Defizite des Einzelnen gerichtet ist. Arbeiten Sie mit den Stärken, aber lassen Sie Schwächen nicht unberücksichtigt.

- **Eigene Voraussetzungen**
  Sie selbst sind als pädagogisch Handelnde Teil des Geschehens und sollten sich um Klarheit über den eigenen Standort bemühen. Welches Menschen- und Gesellschaftsbild, welches Lernverständnis, welchen theoretischen Hintergrund trage ich in die Arbeit hinein? Welche Gedanken und Gefühle bestimmen mein Tun? Inwieweit kann ich mich selbst mit meinen Erwartungen, Vorstellungen und Ansprüchen in die Arbeit einbringen? Kann ich meine bisherige Arbeit verantworten und begründen, vor mir selbst, den Kindern/Jugendlichen, vor der Anleiterin?

- **Die Gruppe**
  Auch bei der Beschreibung der Gruppe oder von Teilgruppen sollten Sie von allgemeinen Angaben wie Anzahl der Gruppenmitglieder, Gruppenform, Altersstruktur, Geschlechtszugehörigkeit, zu Aussagen über gemeinsame Interessen, Bedürfnisse oder Probleme kommen. Die Kontakte der Gruppenmitglieder und das Beziehungsgefüge der Gruppe müssen ebenfalls aufmerksam betrachtet werden. Zu beachten sind die Kommunikations- und Interaktionsmuster der Gruppenmitglieder, das Verhältnis untereinander, die Beziehung zur Gruppenleitung und zu Ihnen, der Praktikantin.

- **Sozial-kulturelle und institutionelle Bedingungen**
  Erzieherisches Handeln ist immer eingebunden in einen komplexen, realen Strukturzusammenhang: Gesamtgesellschaftliche, historische, sozio-kulturelle und institutionelle Rahmenbedingungen bestimmen die Arbeit. Von Bedeutung für das pädagogische Handeln können bereits im Startbericht angesprochene Bedingungen sein, das Einzugsgebiet der Einrichtung, die Umgebung, Familienverhältnisse, die Konzeption, personelle Versorgung, Räumlichkeiten, Verfügbarkeit über Material, die Zusammenarbeit mit anderen Einrichtungen, aber auch aktuelle gesellschaftliche Entwicklungen, politische oder wissenschaftliche Fakten und Trends.

- **Situative Voraussetzungen**
  Situative Voraussetzungen sind nur bedingt vorhersehbar. Inwieweit möchten Sie z. B. die momentane Stimmung der Kinder/Jugendlichen berücksichtigen? In der Vorplanung können Sie Überlegungen dazu anstellen, wie flexibel Sie auf veränderte Bedingungen, die sich aus der Situation ergeben, reagieren möchten.

Welche Voraussetzungen und Bedingungen Sie als Einflussfaktoren für Ihre Arbeit kennen sollten, lässt sich im Vorfeld leider nicht exakt bestimmen. Alle an Erziehungs- und Lernprozessen beteiligten Einflussgrößen und deren Wechselwirkung zu berücksichtigen hieße, die Komplexität des menschlichen Lebens selbst zu erfassen. Dieses ist nicht möglich und wohl auch nicht wünschenswert. In der Auseinandersetzung mit dem jeweiligen Arbeitsgebiet, durch Informationssuche, durch Beobachtungen, Literatur und Selbstreflexion geraten immer mehr Faktoren in den Blickpunkt. Hemmende und fördernde Einflüsse dieser Faktoren auf die pädagogische Arbeit können in den Anleitungsgesprächen thematisiert werden.

Die Analyse des Erziehungsfeldes umfasst Vorgänge des *Beschreibens* und des *Erklärens*. Nach der Phase des Sammelns von Fakten, Daten und Beobachtungen und dem Betrachten der Bedingungen geht es um die Einschätzung von Möglichkeiten für Sozialpädagogik. Es wird eingeordnet, verglichen, gedeutet und interpretiert. Die Informationen werden daraufhin geprüft, inwieweit sie Anhaltspunkte für die zukünftige Gestaltung der Arbeit bieten.

Bei kürzeren Praktika können wegen der Zeitknappheit nur einige Bedingungen erfasst werden, die das Handeln beeinflussen. Die *Bedingungs- oder Situationsanalyse* bleibt zwangsläufig unvollständig. Trotzdem sollten Sie nicht in der Phase des Analysierens stecken bleiben, sondern sich auch als Handelnde und Reflektierende erfahren.

Planen

Theoretische Modelle aus dem Bereich Didaktik und Methodik helfen dabei, unterschiedliche Faktoren und ihre Beziehungen zu verdeutlichen. In Anlehnung an lerntheoretische Modelle lassen sich Bedingungsebene und Entscheidungsebene voneinander trennen.

Im *Bedingungsfeld* werden diejenigen Elemente genannt, die außerhalb der direkten Planbarkeit liegen. Sie werden daraufhin überprüft, ob sie für das pädagogisch-didaktische Handeln von Bedeutung sind. In einer *Bedingungsprüfung* werden alle relevanten Fakten, Daten und Beobachtungen im Team kritisch analysiert und beurteilt. Auf dieser Grundlage werden Möglichkeiten für die künftige Gestaltung der Arbeit entwickelt.

Im *Entscheidungsfeld* werden die wesentlichen Elemente der konkreten Planung bedacht. Die minimale Grundstruktur wird gebildet durch Ziele, Inhalte, Methoden und Medien/Materialien. Entscheidungen hinsichtlich dieser Grundelemente müssen immer wieder neu durchdacht und überprüft werden.

Die einzelnen Elemente, über die die Erzieherin im pädagogischen Planungsprozess zu entscheiden hat, stehen in wechselseitiger Abhängigkeit (*Interdependenz*) zueinander, sind abhängig von den jeweiligen Bedingungen und wirken im Idealfall auf diese zurück. Die einzelnen Faktoren müssen in jedem Planungsprozess immer wieder neu bestimmt werden.

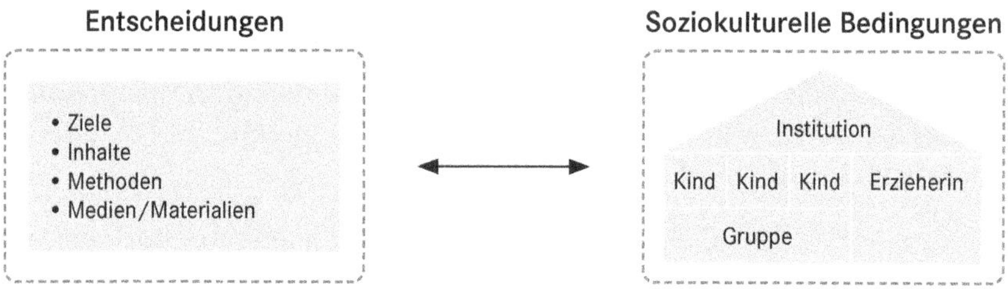

Modell zur Strukturierung des Lern- und Erziehungsfeldes (vgl. Ellermann, Walter: Bildungsarbeit im Kindergarten erfolgreich planen, Berlin 2013)

Bei der pädagogischen Arbeit mit Einzelnen werden *Erziehungsziele* festgelegt und *Maßnahmen* und *Methoden* besprochen, die geeignet sind, die angestrebten Ziele auch zu erreichen. Ein Praktikum bietet viele Möglichkeiten, sich aktiv daran zu beteiligen:

Arbeitsfeld Hilfen zur Erziehung/Außenwohngruppe

Kai spricht im Anleitungsgespräch mit seiner Anleiterin über das aktuell auffällige Verhalten von T., über dessen Situation in der Gruppe, über das, was war, was ist und was sein sollte und über T.'s Probleme mit der Schule. Kai erhält Einblick in die Akten und informiert sich zusätzlich bei der Anleiterin über die Vorgeschichte. Er nimmt an der nächsten Teambesprechung teil, in der es auch um die Fortschreibung der Erziehungsplanung für T. geht. Die Diagnose aus dem Entwicklungsbericht wird vorgelesen, auffällige Symptome und Stärken T.'s werden angesprochen, eine Hypothese über T.'s Kernproblematik wird aufgestellt. Die wichtigste Bezugsperson für T. ist der Erzieher P. Dieser hatte in der vergangenen Woche mit T. ein Gespräch darüber geführt, worin dieser im Moment seine Stärken sieht und was er in der nächsten Zeit erreichen möchte. Er möchte lernen, bei Ärger und Verletzungen nicht gleich wegzulaufen und er möchte lernen, Ärger und erlittene Verletzungen mit Worten auszudrücken. Es werden unterschiedliche Vorstellungen darüber deutlich, wie diese Ziele erreicht werden könnten. Im Team wird das nächste Vorgehen überlegt. Alle wollen versuchen, gelassener auf seine problematischen Verhaltensweisen zu reagieren und ihn nicht zu häufig zu kritisieren. Nach Situationen, in denen es um Abwehr, Ärger und Streit geht, soll ein Gespräch mit T. allein oder gemeinsam mit seinem „Streitpartner" geführt werden. Seine Kontakte zu I. und E. sollen gefördert werden. Der Erzieher P. führt ein Gespräch mit dem Klassenlehrer T.'s und macht die zurzeit angestrebten Ziele deutlich. Die Ziele werden formuliert und im Teambuch festgehalten. Kai wird sich wie die anderen Teammitglieder daran orientieren und übernimmt den Auftrag, Verhaltensbeobachtungen in Bezug auf die aufgestellten Ziele durchzuführen und zu interpretieren. In acht Wochen soll erneut ein Gespräch über T. stattfinden, in dem überprüft werden soll, inwieweit die aufgestellten Ziele erreicht wurden.

Nicht nur bei der *Arbeit mit Einzelnen*, sondern auch bei der *Arbeit mit Gruppen* werden auf der Grundlage der Analyse erste Entscheidungen für konkrete Vorhaben oder Aktionen getroffen. Vorhaben können durchgeführt werden, um Ziele innerhalb eines individuellen Erziehungsplanes zu verwirklichen oder um ein Schwerpunktthema innerhalb eines längeren Zeitraumes zu intensivieren.

Planen Sie eine *Aktion*, sollten Sie Situationen und deren Bedingungen erfassen, Zielsetzungen bestimmen, Themen und Inhalte festlegen und diese begründen können. Nehmen Sie den möglichen methodischen Verlauf gedanklich vorweg und bestimmen Sie die einzusetzenden Medien/ Materialien.

Bei der Wahl der Inhalte haben die Vorgaben der Einrichtung Vorrang. Laufende Aktivitäten oder Projekte sollten nicht gestört werden, Sie können entweder mit einsteigen oder versuchen, durch eigene Ideen an aktuelle Themen anzuknüpfen.

Zielsetzungen

Ziele können auf unterschiedlichen Abstraktionsniveaus formuliert werden. Auf einer sehr abstrakten Ebene geht es um *Erziehungsziele* wie Selbstständigkeit, Toleranz oder Hilfsbereitschaft.

Richt- oder Leitziele sind ebenfalls in sehr allgemeiner Weise formuliert. Für die meisten sozialpädagogischen Einrichtungen sind Richtziele durch übergeordnete Instanzen wie Träger oder Gesetzgeber vorgegeben:

„Tageseinrichtungen für Kinder und Kindertagespflege sollen die Entwicklung des Kindes zu einer eigenverantwortlichen und gemeinschaftsfähigen Persönlichkeit fördern.“ (§ 22 SGB VIII Abs. 2 – Grundsätze der Förderung von Kindern Tageseinrichtungen und Kindertagespflege)

Auf einer mittleren Abstraktionsebene sind *Grobziele* anzusiedeln, sie drücken z. B. Absichten aus, die durch ein Vorhaben mit den Kindern/Jugendlichen verfolgt werden.

Grobziel: Die Kinder sollen Farben kennen lernen, sich der eigenen Ausdrucksmöglichkeiten bewusst werden und die Werke anderer Kinder wertschätzen.

Feinziele erfassen beobachtbare Verhaltensweisen, sie versuchen das Verhalten des Lernenden möglichst konkret vorweg zu nehmen:

„Die Kinder zeigen einander, wie auf ihren Bildern die Farben Gelb und Blau ineinander laufen.“

„Die Kinder erklären, dass aus den Farben Gelb und Blau die Farbe Grün entstehen kann.“

„Die Kinder sagen, was ihnen an den Bildern der anderen Kinder besonders gefällt.“

Konkretere Ziele lassen sich dem *kognitiven* (intellektuelle Fähigkeiten), *emotional/affektiven* (Gefühle und Werthaltungen), *sozialen* oder *psychomotorischen* Bereich zuordnen. Eine Zuordnung zu diesen Bereichen kann dabei helfen, die Schwerpunktsetzung bei der jeweiligen Planung zu erkennen.

Da das Erziehungsgeschehen in der Praxis sehr komplex ist und auch nicht immer vorgeplant wird, lassen sich viele Verhaltensweisen nicht deduktiv aus allgemeinen Zielen ableiten, wie es durch die unterschiedlichen Abstraktionsniveaus suggeriert wird. Konkretes Erzieherinnenverhalten im Alltag gründet nicht in abstrakten Zielen, sondern ist von vielen Faktoren abhängig. Es gilt daher, diese Faktoren zu erfassen und möglichst genau im Auge zu behalten.

Arbeitsfeld Kindertagesstätte

In der Regenbogengruppe sind seit dem Sommer viele neue Kinder. Christine, die Praktikantin, hat in der Bücherecke das Buch vom Regenbogenfisch entdeckt und überlegt, ob sie es der Gruppe vorlesen sollte. Sie liest das Buch durch und stellt fest, dass der Regenbogenfisch seine Glitzerschuppen an andere Fische verteilt und dadurch aus seiner Isolation herausfindet. Christine möchte das Buch gern einsetzen und schlägt das ihrer Gruppenleiterin vor. Es könne doch dazu beitragen, dass die Kinder in ihrer Gruppe im sozialen Bereich gefördert werden. Sie könnten bei der Bilderbuchbetrachtung üben, einander zuzuhören und entwickelten vielleicht eine größere Bereitschaft, Dinge miteinander zu teilen. Die Gruppenleiterin ist grundsätzlich damit einverstanden, stellt die angestrebte Zielsetzung jedoch in Frage: Lernen die Kinder durch die Geschichte nicht auch, dass man sich Freunde durch kleine Geschenke „kaufen“ kann? Sie schlägt Christine vor, mit den Kindern in regelmäßigen Abständen ein gemeinsames Frühstück zu gestalten, bei dem die Kinder die Möglichkeit haben, die Gruppe als Gemeinschaft zu erleben. Die Bilderbuchbetrachtung könne sie natürlich durchführen, in dem sich anschließenden Gespräch solle sie dann besonders auf die traurige Situation des Regenbogenfisches eingehen und darauf, welche anderen Möglichkeiten die Kinder sehen, andere Kinder zum gemeinsamen Spielen zu bewegen.

Wie an dem Beispiel deutlich wird, stehen auch im Praktikum Ziele oder Absichten in einer *Wechselwirkung* zu den gewählten Methoden und Medien/Materialien. Inhaltliche Entscheidungen haben Einfluss auf das methodische Vorgehen, das Medium Bilderbuch grenzt den Inhalt ein und beeinflusst die zu erreichenden Ziele. Das Verfolgen von Zielen gehört zur Erziehung. Durch die Formulierung von Zielen legt die Berufserzieherin ihre Absichten offen, sie macht die Arbeit dadurch transparent und diskutierbar. Je älter die Kinder sind, umso besser können sie an den sie betreffenden Erziehungsentwürfen beteiligt werden.

Inhalte

Inhalte müssen daraufhin überprüft werden, inwiefern sie dazu beitragen, Ziele zu erreichen. Voraussetzung dazu ist die eigene intensive Auseinandersetzung mit dem gewählten Thema. Sie können sich an folgenden Fragen orientieren:

- Entspricht das Thema den Interessen und den Bedürfnissen der Kinder/Jugendlichen?
- Ergeben sich die Inhalte aus eigenen Beobachtungen oder aus bestimmten Situationen?
- Mit welchen Verständnisschwierigkeiten muss ich rechnen?
- Wo setze ich Schwerpunkte?
- Wie lässt sich der zu vermittelnde Sachverhalt reduzieren, sodass er den Aufnahme- und Verarbeitungsmöglichkeiten der Kinder/Jugendlichen entspricht?
- Wie lässt sich das Thema aufgliedern?
- Wie ordnet sich das Thema in den Gesamtzusammenhang ein?
- Auf welchen Vorerfahrungen kann aufgebaut werden?
- Wie kann das Thema weitergeführt werden?
- Welche Bedeutung hat der Inhalt für die Gegenwart der Kinder/Jugendlichen?
- Welche Bedeutung hat das Thema für die Zukunft der Teilnehmer?
- Welche Bedeutung messe ich ihm selbst bei, welche Einstellungen und Wertvorstellungen verbinde ich damit?

Methoden

Methoden sind Wege, um Ziele zu erreichen. Bei der Planung einer Aktion können Sie sich u. a. folgende Fragen stellen:

- Welche Wege möchte ich mit den Kindern oder Jugendlichen gehen?
- Welche einzelnen Schritte müssen wir machen?
- Wie soll das geplante Vorhaben verlaufen?
- Wie motiviere ich die Teilnehmer?
- Wie führe ich sie zum Thema hin?
- Was gebe ich vor, was sollen die Teilnehmer erarbeiten?
- Welche Möglichkeiten haben sie, entdeckend zu lernen?
- Mit welchen Hinweisen, Beispielen, Impulsen kann ich die Teilnehmer aktivieren?
- Welche Überleitungen sind zwischen den einzelnen Schritten notwendig?
- Welcher Abschluss rundet das Vorhaben ab?
- Tragen die gewählten Methoden dazu bei, die gesetzten Ziele zu erreichen?

Medien und Materialien

Vor der Durchführung eines Vorhabens muss ich prüfen, welche Medien/Materialien überhaupt verfügbar sind und welche eventuell noch beschafft werden müssen. Mögliche Leitfragen sind:

- Welches Buch, welches Bild oder welches andere Medium ist besonders geeignet, das Interesse der Teilnehmer zu wecken?
- Welche Materialien bieten die besten Lern- und Erlebnismöglichkeiten?
- Müssen die Teilnehmer an das Medium/Material erst noch herangeführt werden?

Vorbereitungen

Sind die planerischen Grundentscheidungen getroffen, geht es an die Vorbereitungen. Denkbare Fragen sind:

- Ist genügend Platz vorhanden?
- Werden weitere Räume einbezogen?
- Wie soll der Raum gestaltet werden?
- Welche Anordnung von Tischen/Stühlen entspricht den gewählten Sozialformen?
- Welche zeitliche Einteilung ist erforderlich?
- Welche organisatorischen Voraussetzungen müssen geklärt werden, welche Materialien müssen beschafft und bereitgestellt werden?
- Wo bleibt entstehender Abfall?

Analyse, planerische Vorüberlegungen und Vorbereitungen erfordern Einsatz und Energie. Der Praktikantin muss genügend Zeit für diese Arbeiten eingeräumt werden.

Ein Vorhaben kann in der eher geschlossenen Form einer Lerneinheit geplant werden oder es kann als *Projekt* angelegt sein, in der die Ausgangssituation offen ist, die Teilnehmer sich selbst Arbeitsziele setzen und eigene Methoden entwickeln. Ziele, Inhalte, Methoden und Medien/Materialien spielen in beiden Fällen eine wichtige Rolle. Oft sind Vorhaben im Praktikum Mischformen aus Lerneinheit und Projekt. Die Praktikantin plant, trifft Vorentscheidungen und berücksichtigt in besonderer Weise die Bedürfnisse der Teilnehmer. Je länger das Praktikum dauert, umso näher können Sie an die Interessen und Wünsche der Kinder oder Jugendlichen herankommen und sie aktiv an Planungsprozessen beteiligen. Ein Projekt durchzuführen ist eine besonders anspruchsvolle Aufgabe, bei der es darum geht, einen Rahmen zu schaffen, in dem die Beteiligten *gemeinsam entscheiden, handeln und reflektieren* können. Die Initiative für ein Projekt kann von den Kindern oder Jugendlichen ausgehen, sie kann aber auch von der Praktikantin kommen.

Handeln

Ist der Zeitpunkt der Durchführung eines Vorhabens gekommen, verspüren viele Praktikantinnen trotz aller planerischen Vorüberlegungen Aufgeregtheit wie vor einer Premiere. Wäre nur kein Publikum vorhanden, das alles kritisch betrachtet! Der Wunsch, mit den Kindern oder Jugendlichen etwas zu machen, ohne dabei beobachtet zu werden, ist verständlich, besser ist es aber, die Anleiterin darum zu bitten, dabei zu sein, um eine Rückmeldung und Anregungen für die Reflexion (siehe Kapitel 7) zu geben. Die Durchführung des Geplanten bietet die Möglichkeit neuer Beobachtungen und Erfahrungen.

Der Grund, auf dem Sie sich bewegen können, wird im Laufe der Zeit immer sicherer, Sie werden Ihre Ängste verlieren und sich immer stärker von den Gedanken an die Sache leiten lassen. Viele Aktivitäten und Aktionen mit den Kindern entstehen selbstverständlich auch spontan und bringen zusätzlich Abwechslung und Freude in den pädagogischen Alltag. Kompetenzen entwickeln sich gerade an den Vorhaben, denen eine Analyse und Planung vorausgeht und denen eine Reflexion folgt. Erst die Reflexion kann zeigen, ob die anfänglichen Überlegungen richtig waren. Die Ergebnisse der Auswertung lassen eine Situation häufig in einem neuen Licht erscheinen. Der Prozess der Analyse beginnt erneut und führt zu anderen Planungsüberlegungen.

Zusammenfassung

Erziehungs- und Bildungsaufgaben sind wesentliche Bestandteile eines Praktikums. Bei der Arbeit mit Einzelnen oder mit Gruppen bilden **Analyse, Planung, Handeln** und **Auswertung** den **Kreislauf** pädagogisch-didaktischer Arbeit. In der Analyse werden die Bedingungen betrachtet, die das Erziehungsgeschehen beeinflussen. Das Kind/der Jugendliche, die eigenen Voraussetzungen, die Gruppe, sozial-kulturelle und institutionelle und situative Bedingungen werden genauer untersucht. Vor diesem Hintergrund werden die pädagogisch-didaktischen Entscheidungen getroffen. Ziele, Inhalte, Methoden, Medien/Materialien stehen in einem **Wechselwirkungsverhältnis** zueinander. Dem pädagogischen Handeln folgt die Reflexion, der Kreislauf wird erneut in Gang gesetzt. Projekte sind mit dem besonderen Anspruch verbunden, dass die Beteiligten gemeinsam entscheiden, handeln und reflektieren.

Arbeitshilfe: Schriftliche Ausarbeitung einer Einzelaktivität

1. **Name der Praktikantin** **Datum**
   Lerngruppe
2. **Name der Einrichtung**
   Anleiter/in
3. **Thema der Aktivität**
   Das Thema kann wie eine Überschrift formuliert werden, z. B. „Gestalten eines Herbstbildes aus Naturmaterialien".
   Begründungen: Warum wähle ich für diese Gruppe dieses Thema? Gibt es etwas, das dieses Thema erforderlich macht? Welche Beobachtungen, welche Situationen boten Anlass für diese Aktivität? Richtet sich der Inhalt nach den Vorgaben der Einrichtung? Evtl. sind allgemeine Informationen zum Thema, zum Wesen der Sache notwendig.

4. **Angaben zur Gruppe**
   Die geplante Zusammensetzung der Gruppe wird deutlich gemacht. Arbeite ich mit der Gesamtgruppe oder mit einer Teilgruppe? Angaben zu Anzahl, Alter, Geschlecht oder Staatsangehörigkeit können tabellarisch zusammengefasst werden. Ist nicht vorhersehbar, welche Kinder an der Aktivität teilnehmen werden, wird die mögliche Zielgruppe genannt. Aussagen, die die Gruppe charakterisieren, werden begründet. Welche Interessen, Bedürfnissen, Fähigkeiten und Schwierigkeiten, sind für die Durchführung von Bedeutung? Einzelne Kinder können genauer beschrieben werden, die Angaben werden anonymisiert und ggf. verändert. Muss ich das Erzieherverhalten auf einzelne Kinder besonders einstellen?
   Begründungen: „Ich habe diese Gruppe ausgewählt, weil ...“. Bei der Begründung werden z. B. die Interessen der Teilnehmer herausgestellt.

5. **Organisatorische Rahmenbedingungen**

- Vorbereitungen
- Stellung der Aktivität im Tagesablauf
- Dauer der Aktivität
- Raumgestaltung

Zu den Vorbereitungen gehören z. B. Einkäufe oder Vorarbeiten für gestalterische Aktivitäten. Selbstverständlichkeiten müssen nicht genannt werden, z. B. das Lesen eines Bilderbuches, das eingesetzt werden soll. Die Zeitangaben können lediglich Richtwerte sein. Zur Raumgestaltung wird ggf. eine Skizze angefertigt.

6. **Medien/Material**
   Die für die Aktivität benötigten Materialien werden aufgelistet.
   Wird ein Buch als Medium eingesetzt, sind Angaben zu Autor, Titel, Erscheinungsort und -jahr erforderlich.
   Begründungen: Warum habe ich für diese Gruppe diese Medien/Materialien ausgewählt?

7. **Ziele**
   Es empfiehlt sich, nur die Ziele zu benennen, die tatsächlich mit dieser Aktivität erreicht werden können und die den Schwerpunkt der Aktivität deutlich machen.
   Begründungen: Warum setze ich bei den Zielen diese Schwerpunkte? Warum sind für diese Gruppe diese Ziele sinnvoll? Haben die Ziele für die Gegenwart und Zukunft der Teilnehmer eine Bedeutung? Tragen Sie zur Bewältigung des Alltags und zum Verständnis der Welt bei?

8. **Methodischer Verlauf**
- Hinführung
- Durchführung (Hauptteil)
- Abschluss

   Der geplante Ablauf der Aktivität wird beschrieben. Im ersten Teil werden die Motivationsphase und die Einführung erläutert. Im Hauptteil wird die Abfolge der einzelnen Schritte beschrieben, mögliche Impulse und geplante Hilfestellungen werden angegeben. Der Abschluss gibt die geplante Beendigung der Aktivität wieder, nennt evtl. Überleitungen zu weiteren Aktivitäten. Die Handlungen der Praktikantin und die erwarteten Verhaltensweisen der Teilnehmer können in einem fortlaufenden Text ausformuliert oder als einzelne, getrennte Teilschritte kenntlich gemacht werden. Der beschriebene Verlauf sollte einen klaren Bezug zu den gesetzten Zielen haben!
   Begründungen: Warum habe ich für diese Gruppe diese Methoden gewählt? Welche Gründe gibt es für einzelne methodische Entscheidungen?

9. **Verwendete Literatur**

10. **Anhang**
    In den Anhang gehören z. B. Liedertexte und Melodien, die Zusammenfassung des Inhaltes einer Geschichte, die Beschreibung einer gestalterischen Technik oder Spielbeschreibungen.

Arbeitshilfe: Gliederung eines aus mehreren Einzelaktivitäten bestehenden Vorhabens

1. Thema
2. Beschreibung der Gruppensituation
3. Begründung zur Wahl des Themas
4. Stoffsammlung (mögliche Inhalte und Methoden)
5. Ziele des Gesamtvorhabens (Grobziele)
6. Rahmenbedingungen (Raum, Zeit, Finanzen)
7. Tabellarische Übersicht über die geplanten Aktivitäten

Datum	Thema	Ziele	Methoden	Medien/ Materialien	Bemer- kungen

8. Gesamtreflexion

Arbeitshilfe: Projektvertrag

Bei der Planung von Projekten, die im Rahmen einer fachpraktischen Ausbildung in sozialpädagogischen Einrichtungen durchgeführt werden, kann ein Projektvertrag Transparenz und Verbindlichkeit herstellen. Die Beteiligten verpflichten sich im Rahmen ihrer jeweiligen Aufgaben zum Gelingen des Projektes beizutragen.

Ausbildungsprojekt

Von-bis ______________________ Klasse/Seminar ______________

Projektteam (Namen/Tel.) ____________________________________

____

Name und Anschrift der Einrichtung ____________________________

____

____

Telefon ____

Ansprechpartner/in in der Einrichtung __________________________

Ansprechpartner/in in der Schule ______________________________

Mögliche Projektideen _______________________________________

Mögliche Zielgruppe ____

Absprachen zur Projektdurchführung (z. B. zeitlicher Rahmen, Kosten)

____

____

Ort, Datum, Unterschriften der Schüler/innen

____

Ort, Datum, Unterschrift der betreuenden Lehrkraft

Arbeitshilfe: Darstellung eines Projektverlaufes

Projekte verlaufen nicht nach einem starren Planungsschema, Kernpunkt ist die Zusammenarbeit der Beteiligten während des Projektes. Die Teilnehmer lernen an realen Handlungsabläufen und haben die Chance zur Selbstorganisation. Das dargestellte Grundmuster soll eine Orientierung geben.

Kapitel 7 Reflektieren

Reflexion der praktischen Arbeit

Nach einem langen Arbeitstag wünscht man sich nichts sehnlicher, als endlich abzuschalten, man möchte sich mit anderen Dingen beschäftigen, den Stress hinter sich lassen. Sicherlich haben Sie es auch schon erlebt, dass die Arbeit Sie noch in Ihr Privatleben hinein verfolgt, dass Bilder von Situationen auftauchen, die Sie besonders berührt haben und die Sie nicht so schnell vergessen können. Wahrscheinlich wünschen Sie sich in solchen Momenten einen Gesprächspartner, dem Sie Ihre Gefühle und Gedanken mitteilen können und der Ihnen vielleicht hilft, die Erlebnisse richtig einzuordnen. Sich den Druck von der Seele zu reden, ist in den meisten Berufen Privatsache – anders im sozialpädagogischen Arbeitsfeld: Die Reflexion, das vertiefte Nachdenken über im pädagogischen Alltag erlebte Situationen, gehört zum professionellen Selbstverständnis. Sie soll Situationen klären und *Handlungsperspektiven eröffnen*, wodurch als „Nebeneffekt" auch innere Anspannungen gelöst werden können.

Reflexionen helfen bei der Wahrnehmung der eigenen Emotionen, dienen aber auch der kritischen Einschätzung des eigenen Verhaltens und dessen Wirkung auf andere. Grundsätzlich werden sie möglichst in den beruflichen Alltag eingebunden und nicht in den privaten Raum getragen. Eine Voraussetzung dafür ist, dass Probleme frühzeitig angesprochen werden und dass man bereit ist, Schwierigkeiten möglichst dort zu lösen, wo sie auch entstanden sind.

Reflexionen geschehen oft zwischendurch, man denkt auf dem Weg zur Gruppe über eine Situation nach, man tauscht sich im Team in Arbeitspausen aus. Wir erleben Reflexionen als Widerspiegelungen von Erfahrungen in unserer Vorstellungswelt. Die professionelle Reflexion erfordert im Gegensatz zum spontanen Nachdenken eine bestimmte Form: Der Rahmen, in dem im Praktikum eine Reflexion stattfindet, kann ein Anleitungsgespräch, ein Praxisbericht, eine Teamsitzung oder eine Auswertung in der

Seminargruppe sein. Die Reflexion sollte ein Thema haben, das sich aus der Arbeit ergibt und dabei helfen, die *Gedanken zu strukturieren.*

Reflexionen erfolgen unter bestimmten Gesichtspunkten. Bei der Reflexion können verschiedene **Themen** angesprochen werden, z. B.:

- **Die Institution**
  (Konzeption, Organisation, Teamarbeit, Außendarstellung ...)
- **Die Gruppe**
  (Situationen, Interaktionen, gruppenpädagogische Arbeit ...)
- **Das einzelne Kind/der einzelne Jugendliche**
  (Beobachtungen, das pädagogische Verhältnis, individuelle Erziehungsmaßnahmen ...)
- **Verbindung von Theorie und Praxis**
  (Relevanz von Kenntnissen und Fertigkeiten, Zusammenarbeit Praxisstelle – Schule ...)
- **Die didaktisch-methodische Arbeit**
  (Analyse, Planung, Durchführung von Vorhaben oder Projekten ...)
- **Die Eigenarbeit**
  (Arbeit an der eigenen Person, Selbstkritik ...)

Orientieren Sie sich bei einer *abschließenden Reflexion* des Praktikums an den Schwerpunkten des Ausbildungsplans (Kapitel 5), reflektieren Sie aber auch Bereiche, die sich erst im Nachhinein als wichtig herausgestellt haben. Versuchen Sie sich rückblickend an die Gedanken und Gefühle zu erinnern, die Sie zu Beginn des Praktikums hatten. Vielleicht hatten Sie Bedenken, ob Sie den Anforderungen gewachsen sein würden und sich gefragt, wie Sie sich in der neuen Situation gegenüber den Teilnehmern/Jugendlichen oder gegenüber den Mitarbeitern verhalten sollten. Falls Sie einen *Brief an sich selbst* geschrieben haben, öffnen Sie ihn zum Ende des Praktikums und erinnern Sie sich an Ihre ersten Hoffnungen und Befürchtungen. Vergleichen Sie dann Ihre Erwartungen mit den tatsächlichen Ereignissen: Was ist eingetroffen, was nicht? Worin sind die Gründe zu suchen, falls Ihre Erwartungen sich nicht bestätigt haben? Hat sich etwas an Ihrer Berufsmotivation geändert? Welche Konsequenzen ziehen Sie daraus?

Unterziehen Sie Ziele grundsätzlich einer Realitätsprüfung. Versuchen Sie herauszufinden, woran sich konkret feststellen lässt, dass die für das Praktikum gesetzten Ziele erreicht wurden. Wahrscheinlich mussten Sie von Ihren Idealvorstellungen Abstriche machen, denn die äußeren Bedingungen sind selten so, dass alle Ziele mühelos erreicht werden können. Betrachten Sie bei der Auswertung Ihrer Praktikumserfahrungen nicht alles durch die rosarote Brille, verfallen Sie aber auch nicht in eine Schwarzmalerei. Kommen Sie zu einer differenzierten Einschätzung, indem Sie bei einer Reflexion Positives wie Negatives bedenken.

Grundlage einer Reflexion ist die genaue Beschreibung der *Ausgangslage.* Machen Sie deutlich, wie die Situation ist oder was genau das Problem ist! In einem analytischen Prozess wird nach Bedingungen und Ursachen gefragt. Wenn man für Erklärungen auf Theorien zurückgreift, muss man den eigenen theoretischen Hintergrund offen legen. Aus der Analyse werden *Folgerungen* gezogen und *Perspektiven* entwickelt. Die Konsequenz kann auf Veränderung oder Erhaltung angelegt sein. Veränderung kann sich auf eine Situation, auf ein Verhalten oder auf Bedingungen beziehen.

Im Alltag bilden wir uns gern unsere eigenen Theorien und neigen zu Erklärungen, die uns vor Verletzungen schützen. Die professionelle Reflexion soll uns vor einer allzu subjektiv angelegten Sicht schützen. Findet sie im beruflichen Rahmen regelmäßig statt, wird der private Raum entlastet und der Kopf wird frei für andere Dinge.

Die didaktisch-methodische Reflexion

Die didaktisch-methodische Reflexion ist *Teil des Kreislaufes aus Analyse, Planung, Handeln und Auswertung.* Sie hält den Prozess der Analyse in Gang und sorgt dafür, dass das pädagogische Rad sich weiter dreht.

Haben Sie erfolgreich eine Aktion mit Kindern durchgeführt, sollten Sie sich selbst in Ihrem Tun bestärken: „Ich finde, das ist mir gut gelungen" ist vielleicht die erste Reaktion auf die Aufforderung durch die Anleiterin, das Handeln kritisch zu beleuchten. Bleiben Sie auf keinen Fall dabei stehen, sondern sagen Sie genau, *was* Ihnen gut gelungen ist. Begründen Sie Ihre Einschätzung und belegen Sie diese durch Beispiele. Beschreiben Sie konkret das eigene Erzieherverhalten und sprechen Sie über Ihre Ziele, Inhalte und Methoden. Eine Auswertung pädagogischen Handelns bedeutet, sich selbst und den anderen klar zu machen, ob bestimmte Maßnahmen sinnvoll waren oder nicht.

Bei einer didaktisch-methodisch geplanten Aktion ist die Rückmeldung durch die Teilnehmer für Sie von großer Wichtigkeit. Ist das Angebot bei den Teilnehmern angekommen? „Hat es euch Spaß gemacht?“ ist vielleicht die Frage, die Sie zum Ende eines Vorhabens an die Teilnehmer richten möchten. Eine positive Antwort erleichtert zwar, gibt für eine differenzierte Betrachtung aber nicht viel her.

Methodisch geschickter als eine allgemeine Frage an die Teilnehmer sind indirekte Formen der Auswertung. Bitten Sie zum Beispiel Ihre Anleiterin, Äußerungen der Teilnehmer während des Vorhabens festzuhalten, betrachten Sie gemeinsam die Produkte Ihrer Arbeit oder stellen Sie im Abschlusskreis die Frage an die Teilnehmer, was ihnen an der Geschichte, der Aktion, dem Werk besondere Freude gemacht hat, was ihnen aufgefallen ist, was sie berührt hat oder ihnen wichtig war.

Bei der Arbeit mit Jugendlichen kann ein abschließendes Gruppengespräch oder ein Blitzlicht wichtige Hinweise geben, ob die Ziele des Vorhabens erreicht wurden. Methoden der Auswertung können bereits in der Planungsphase festgelegt werden.

Auswertung einer Einzelaktivität

Die Durchführung von Einzelaktivitäten ist bei der Arbeit mit Kindern und Jugendlichen ein *Übungsfeld*, an dem zielorientiertes Arbeiten, gründliche Vorbereitung und der Einsatz konkreter Methoden erlernt werden können. Die Einzelaktivität eignet sich besonders dazu, *Planung oder Ausschnitte von Planung exemplarisch zu reflektieren.* Die Folge einer Änderung des praktischen Handelns wird direkt erfahren.

Als Anleiterin können Sie der Praktikantin bei der Reflexion am besten helfen, indem Sie ihr möglichst bald innerhalb eines Anleitungsgespräches eine Rückmeldung geben. Ist das aus organisatorischen Gründen nicht möglich, sollten Sie sich direkt nach der Durchführung einer Einzelaktivität Notizen zum Verlauf machen, da viele Einzelheiten schnell in

Vergessenheit geraten. Geben Sie der Praktikantin Raum, positive wie negative Empfindungen auszudrücken und selbst Fragen zu stellen. Schildern Sie lebendig, wie Sie die Teilnehmer und die Praktikantin wahrgenommen haben und unterstützen Sie die Reflexion der Praktikantin durch Nachfragen.

Ihre Aufgabe als Praktikantin ist es, die Reaktionen der Teilnehmer zu deuten und die Verbindung zur Planung herzustellen. Schauen Sie auf die Gruppe und einzelne Teilnehmer zurück. Welche Erfahrungen haben Sie in Bezug auf das Verhalten gegenüber den Teilnehmern gewonnen? Stellen Sie fest, ob Sie bei der Planung etwas übersehen haben. Waren die Vorbereitungen ausreichend und waren alle Materialien vorhanden? Welche konkreten Beobachtungen haben Sie gemacht, die auf das Erreichen der Ziele hindeuten? Den Inhalt können Sie kritisch betrachten, indem Sie klären, inwieweit das Thema sinnvoll gewählt war, ob es sich in ein Gesamtthema einfügte und dem Auftrag der Einrichtung entsprach. Untersuchen Sie, ob der Ablauf der Aktivität und die einzelnen Schritte so waren, wie Sie es sich zuvor vorgestellt hatten. Wenn die einzelnen Phasen in einer deutlichen und sinnvollen Beziehung zueinander standen, war die Aktivität rund. Begründen Sie Abweichungen von der Planung, Sie zeigen dadurch Ihre Flexibilität!

Stellen Sie sich darüber hinaus weitere Fragen zu Ihrem Erzieherverhalten, z. B.: Hatten Sie die Übersicht über das Geschehen? Waren sie konsequent? Wie war Ihre Sprache, Mimik und Gestik? War Ihr Verhalten der Situation angemessen? Mussten Sie Grenzen setzen? Wie schätzen sie Ihren Erziehungsstil ein?

Denken Sie darüber nach, welche Folgen Ihre Erkenntnisse für die künftige Planung der Arbeit haben.

Auswertung einer Planungseinheit

Bei einer Planungseinheit, die mehrere Einzelaktivitäten umfasst, gehen Sie ähnlich vor wie bei der Auswertung einer Einzelaktivität. Stellen Sie heraus, welche wichtigen Erfahrungen die Kinder oder Jugendlichen bei der Durchführung der Planungseinheit gemacht haben. Bei einer Erziehungsplanung fragen Sie nach den Fortschritten, die das Kind oder der Jugendliche gemacht hat. Auch Ihre eigenen Erfahrungen und Fortschritte sollten Sie nicht vergessen. Bestimmte Inhalte, Methoden oder Erziehungsmaßnahmen erweisen sich im Erziehungsalltag als besonders geeignet, andere stellen sich manchmal als weniger brauchbar heraus.

Auswertung eines Projektes

Bei der Auswertung eines Projektes rückt der Gruppenprozess selbst stärker in den Mittelpunkt. Die Teilnehmer entwickeln gemeinsam das Thema, setzen sich Ziele und entscheiden sich für bestimmte Wege. Wichtige Aufgaben des Pädagogen bestehen darin, Rahmenbedingungen zu schaffen, für Fixpunkte zu sorgen, an denen ein gedanklicher Austausch stattfindet und die Interaktions- und Kommunikationsprozesse zwischen den Projektteilnehmern zu moderieren. Sie sollten sich bei einer Auswertung fragen, wie die Projektidee entwickelt wurde, wie die Entscheidungsprozesse verliefen, wie das Projekt selbst verlief und wie es zu einem Abschluss gebracht wurde. Eine Gruppe verändert sich oft im Laufe eines Projektes und lernt bei entsprechender Anleitung viel über sich selbst. Prüfen Sie, ob der besondere Anspruch, der an ein Projekt gerichtet wird, erfüllt wurde.

Reflexion der Eigenarbeit

Die Entscheidung, inwieweit Sie andere an individuellen Veränderungsprozessen teilhaben lassen, liegt bei Ihnen. Da Anleiterin und Lehrkraft nicht nur beratende, sondern auch beurteilende Funktionen haben, sind einer völligen Offenheit Grenzen gesetzt. Betreiben Sie Praxisreflexion und -aufarbeitung auch in eigener Regie. Nutzen Sie z.B. die Form des pädagogischen Tagebuches (siehe Kapitel 9) als Strukturierungshilfe.

Prüfen Sie kritisch, ob Sie einen Zuwachs an Kompetenz und Performanz an sich selbst feststellen können. Als Praktikantin sind Sie weder Personen noch Situationen passiv ausgeliefert, sondern Sie sind immer auch Handelnde. Es ist menschlich, Misserfolg eher auf andere oder die Bedingungen zurückzuführen, die Ursache für Erfolg dagegen in der eigenen

Person zu suchen. Die Fähigkeit, nicht nur das Verhalten der anderen, sondern auch das eigene Verhalten kritisch in Frage zu stellen, kann nicht als selbstverständlich vorausgesetzt werden. Zeigen Sie als Praktikantin diese Fähigkeit, können Sie davon ausgehen, dass das positiv bewertet wird. Vergessen Sie dabei nicht, dass eine kritische Einschätzung nicht bedeutet, sich ausschließlich auf Negatives zu beschränken. Andererseits ist Selbstbewusstsein nicht das Wissen um Stärke, wer seiner selbst bewusst ist, weiß auch um seine *Schwächen*.

Wenn Sie die Verantwortung für Veränderungsprozesse, die mit der eigenen Person zu tun haben, annehmen, tragen Sie dazu bei, dass die Anleiterin sich langfristig überflüssig machen kann.

Zusammenfassung

Reflexionen der praktischen Arbeit dienen der Klärung von Situationen, bieten Strukturierungshilfe und schaffen Handlungsperspektiven. Professionelle Reflexionen erfordern eine bestimmte Form, sie sollten ein Thema und eine Struktur haben. Die **didaktisch-methodische Reflexion** ist Teil des Kreislaufes aus Analyse, Planung, Handeln und Auswertung. Die Durchführung einer Einzelaktivität oder einer Planungseinheit bietet die Chance, pädagogisches Handeln einzuüben und exemplarisch zu reflektieren. Bei einem Projekt sollte der Gruppenprozess selbst im Mittelpunkt der Reflexion stehen. **Reflexion der Eigenarbeit** bedeutet die Auseinandersetzung mit eigenen Stärken und Schwächen.

Arbeitshilfe: Fragenkatalog zur Auswertung eines Vorhabens

1. Teilnehmer
- Wie haben die Teilnehmer mitgearbeitet, sich beteiligt?
- Waren die Teilnehmer am Vorhaben interessiert?
- Wie habe ich während des Vorhabens die Teilnehmer erlebt?
- Wäre ich gern Teilnehmer in der Gruppe gewesen? Warum?
- Lagen besondere Probleme in der Gruppe vor?

2. Planung und Verlauf des Vorhabens
- In welcher Form gliederte sich das Vorhaben in die Arbeit der Einrichtung ein?
- Waren die Vorbereitungen ausreichend?
- Inwieweit habe ich die vorgegebenen Bedingungen beachtet?

2.1. Ziele
- Wie lautete meine Zielsetzung?
- Woraus habe ich meine Zielsetzung abgeleitet?
- Waren meine Ziele klar und eindeutig auf die Teilnehmer bezogen?
- Habe ich meine Ziele erreicht?
- Wo liegen die Gründe für ein evtl. Auseinanderklaffen von Zielvorstellungen und Ergebnissen?

2.2. Inhalte/Thema
- Waren die Inhalte richtig gewählt, waren sie altersgemäß, gab es eine Über- oder Unterforderung?
- Entsprachen die Inhalte den Interessen der Teilnehmer?

2.3. Methoden
- Waren meine Methoden richtig gewählt?
- Waren die Methoden geeignet, die Ziele zu realisieren, die Inhalte zu vermitteln?
- Habe ich auf Methodenvielfalt geachtet?
- War ich mutig in meiner Methodenwahl?
- Verlief das Vorhaben nach meinen Vorstellungen (entsprechend der Planung)?

- Kamen unerwartete Aspekte hinzu?
- War der Aufbau der Vorhabens sinnvoll?

2.4. Materialien
- Waren genug Medien/Materialien (rechtzeitig) vorhanden?

3. Ich
- Mit welchen Gefühlen bin ich in das Vorhaben gegangen?
- Wie war meine Stimmungs- und Befindlichkeitskurve?
- Mit welchen Gefühlen habe ich das Vorhaben beendet?
- Wie ging es mir mit den anderen (Gruppe, Einzelne, Anleiterin ...)?
- War ich gerne in den vorgegebenen Strukturen?

Falls das Vorhaben von einer Praktikanten-Gruppe geplant wurde:

4. Teamarbeit
- Wie hat die Teamarbeit in der Arbeitsgruppe geklappt?
- Waren die Teampartner verlässlich?
- Wurden Verabredungen eingehalten?
- Welche Rückmeldung haben wir als Gruppe bekommen?

5. Konsequenzen
- Welche Folgerungen ergeben sich für die weitere Arbeit oder für eine künftige Planung?
- Welche Folgerungen ergeben sich für meine eigene Person?

Arbeitshilfe: Leitfragen zur Reflexion der Erfahrungen im Praktikum

Rolle als Praktikantin

Gab es genügend Möglichkeiten, mich in neuen Situationen auszuprobieren? Wie habe ich mich in der Rolle als Praktikantin erlebt? Welche neuen Stärken konnte ich bei mir erkennen? Passt die Einrichtung zu den Schwerpunkten, die ich in meinem späteren Beruf setzen möchte? Habe ich ein gutes Zeitmanagement gefunden? Gibt es etwas im Arbeitsfeld, das mich begeistert?

Beobachtungen

Wen habe ich beobachtet (Namen anonymisieren)? Warum habe ich gerade dieses Kind/diesen Jugendlichen beobachtet, gab es einen besonderen Anlass? Bin ich nach einem bestimmten Beobachtungsschema vorgegangen? Zu welchem Zeitpunkt und in welchem Zeitraum habe ich beobachtet? Konnte ich klar zwischen Beobachtungen und Interpretationen/Deutungen unterscheiden? Welche Konsequenzen habe ich aus den Beobachtungen gezogen? Wie ging es mir, wenn ich selbst von anderen bei meiner Arbeit beobachtet wurde?

Einzelne Kinder oder Jugendliche

Wenn ich die Augen schließe – welches Kind/welcher Jugendliche fällt mir zuerst ein? Zu wem habe ich nur schwer Zugang gefunden? Welche neuen Erfahrungen haben Einzelne durch meine Arbeit gemacht? Gab es einzelne Kinder/Jugendliche, die mich an meine Grenzen gebracht haben?

Die Gruppe

Welche typischen Situationen habe ich mit der Gruppe erlebt? Was würde ich mir wünschen, wenn ich selbst Teil dieser Gruppe wäre? Konnte ich die Gruppenregeln mittragen? Welches Erzieherverhalten habe ich gegenüber der Gruppe gezeigt? In welchen Situationen habe ich Anleitungsaufgaben oder Moderationstätigkeiten in der Gruppe übernommen? Konnte ich zur Weiterentwicklung der Gruppe beitragen?

Vorhaben, Projekte

An welchen Vorhaben/Projekten war ich beteiligt? Welche Vorhaben/ Projekte habe ich selbstständig durchgeführt? Habe ich etwas Neues ausprobiert? Welche Ziele waren mir wichtig? Haben die Teilnehmer regelmäßig mitgemacht? Welche Methoden habe ich ausprobiert? Wie waren die Vorhaben/Projekte in den Tagesablauf der Einrichtung eingebunden? Gab es „Highlights", besonders hervorzuhebende, aufregende Situationen? Waren die Teilnehmer motiviert? Welche Rückmeldungen habe ich von der Anleitung und vom Team bekommen?

Elternarbeit

Wie habe ich mich als Praktikanten bei den Eltern/Angehörigen bekannt gemacht? Welche Formen der Elternarbeit habe ich kennengelernt? Konnte ich eine aktive Rolle übernehmen oder war ich eher Zuschauer?

Teamarbeit

Welche Form der Teamorganisation gab es? Wie viel Verantwortung wurde mir im Team übertragen? Konnte ich mich aktiv in Teambesprechungen einbringen? Welche Rolle habe ich im Team eingenommen?

Organisation und Konzeption

Habe ich Einblick in organisatorische oder verwaltende Tätigkeiten bekommen? War ich gern in den vorgegebenen Strukturen? In welcher Weise habe ich mich mit der Konzeption der Einrichtung befasst? An welchen Stellen konnte ich erfahren, dass die Konzeption in der Einrichtung gelebt wird? Was würde ich an der Konzeption ändern?

Kapitel 8
Anleitungsmethoden

Entwicklung fördern

Entscheiden Sie sich als Anleiterin für eine Praktikantin, zeigt sich gerade in der Anfangsphase, ob sich ein Vertrauensverhältnis aufbaut. Ob Sie nicht nur als Fachfrau für Organisationsfragen, sondern auch als *emotionale Stütze* empfunden werden, hängt davon ab, inwieweit es Ihnen gelingt, Ihren eigenen Stress nicht in die Situation hineinzutragen, sich Zeit für die Praktikantin zu nehmen.

Praktikantinnen, die von Ihren positiven Erfahrungen mit Anleitung berichten, heben hervor, wie wichtig es war, dass die Anleiterin ihnen mit einem Vertrauensvorschuss entgegentrat, ihnen Hilfestellungen gab, mit ihnen über ihr Verhalten gegenüber den Kindern oder Jugendlichen sprach, neue Herausforderungen anbot und Grenzen aufzeigte.

„Du machst das schon!“

„Du hast alle Freiheiten der Welt!“

„Wenn du Fragen hast, melde dich!“

„Da müssen wir uns mal Zeit nehmen.“

„Wir kümmern uns alle um dich.“

Die genannten Zitate stammen von Praktikantinnen, die ebenfalls von ihren Erfahrungen mit Anleitung berichteten. Die Aussprüche lösten bei ihnen eher Skepsis aus, sie wollten sich nicht damit zufrieden geben. Vertrauen, das keine Grenzen kennt und Freiheit, die in mangelndem Interesse oder knapper Zeit gründet, wird als Gleichgültigkeit, Unsicherheit oder Bequemlichkeit gedeutet und wirkt bei mancher Praktikantin eher beunruhigend statt Vertrauen erweckend. Praktikantinnen wünschen sich Interesse an ihrer Person und an ihrer Arbeit. Sie möchten Eigeninitiative entwickeln und Gelegenheiten bekommen, sich auszuprobieren. Sie möchten *Freiräume*, aber auch *Verbindlichkeit*.

Manche gestresste Anleiterin mag sich da fragen, wie sie solchen Ansprüchen denn im Berufsalltag gerecht werden soll, an welchen Stellen sie Zeit erübrigen kann, um eine Praktikantin aktiv in die Arbeitsabläufe und deren Hintergründe einzuführen und um die dazu notwendigen Gespräche mit ihr zu führen. Sind die zeitlichen Ressourcen tatsächlich zu knapp für eine fachgemäße Anleitung, zeugt es von Verantwortung, wenn Sie sich als potenzielle Anleiterin bewusst gegen die Übernahme der Betreuungsaufgabe entscheiden.

In *der Erziehungs- und Bildungsarbeit* bildet sich bei den ersten Angeboten für die Kinder oder Jugendlichen Vertrauen vor allem dadurch, dass die Praktikantin auf Offenheit stößt, wenn es um die Darstellung der Vorplanungen geht. Vordergründig geht es oft erst einmal um Rahmenbedingungen der Arbeit: Wann soll die Aufgabe durchgeführt werden? Welcher Raum steht zur Verfügung? Welches Material kann genutzt werden? Wer macht mit? Bei der Klärung dieser „Äußerlichkeiten" werden wichtige Signale gesetzt, die Rollen werden eingeübt. Als Anleiterin sind Sie die Quelle für Informationen, die fachkompetente Beraterin, die Praktikantin ist die Suchende, die etwas Neues ausprobieren möchte und dabei auf Hilfestellung angewiesen ist.

Zeigt die Praktikantin Eigeninitiative, indem sie eigene Vorschläge einbringt, kommt es darauf an, das positiv anzunehmen. Sie sind aber auch in der Pflicht, die Vorschläge auf ihre Tauglichkeit hin zu prüfen, vielleicht müssen Sie Probleme aufzeigen und auf Veränderungsmöglichkeiten hinweisen.

Aus professioneller Perspektive heraus ergeben sich viele Fragen, die mit den Rahmenbedingungen, der Zielgruppe, den Zielen, Methoden und den pädagogischen Entscheidungen zusammenhängen. Fragen Sie positiv: „Was möchten Sie erreichen?" Helfen Sie der Praktikantin konkret zu sein: „Wie genau soll das aussehen?" Überlegen Sie gemeinsam, woran eine Person von außerhalb erkennen könnte, dass die angestrebten Ziele auch erreicht wurden.

Äußere Fixpunkte, wie Räumlichkeiten und Zeitpunkt der Durchführung, müssen verbindlich festgelegt werden. Für die Vorbereitung ist es notwendig, einen entsprechenden Zeitraum während der Arbeitszeit einzuräumen. Sie sollten sagen, wann die Vorplanung spätestens vorliegen muss. Planen Sie nicht stellvertretend für die Praktikantin! Bei der Beschaffung von Materialien können Sie behilflich sein, sollten aber auch darauf bestehen, dass sie zu Beginn einer vorbereiteten Aktivität vollständig vorhanden sind.

Sie helfen der Praktikantin, indem Sie auf Stolpersteine hinweisen und Impulse setzen, die zum eigenen Nachdenken anregen: „Wie werden die Teilnehmer Ihrer Meinung nach darauf reagieren? Welche alternativen Wege gibt es, Ihr Ziel zu erreichen?“ Macht die Praktikantin Vorschläge, die nicht durchführbar sind, muss das gesagt und begründet werden. Sie können nur überzeugend Mut machen, wenn Sie selbst an den Erfolg glauben – machen Sie der Praktikantin gegenüber klar, dass für den Erfolg eine gute Absprache und eine intensive Vorbereitung entscheidend sind. Bei Misserfolgen erhält die Praktikantin die Chance, neu zu planen und die besprochenen Änderungsvorschläge in die neue Planung einfließen zu lassen.

Um als Anleiterin die Qualität der pädagogischen Arbeit zu wahren, müssen Klärungen auf der Sachebene herbeigeführt werden. Sie zeigen durch Ihren Wissens- und Erfahrungsvorsprung ihre Kompetenz, lösen bei der Praktikantin möglicherweise aber auch Ängste aus, dass ihre Fähigkeiten und Fertigkeiten den Anforderungen des Arbeitsfeldes nicht entsprechen könnten. Zu viele Ratschläge können dann den Elan der Praktikantin erschlagen.

Die Erfahrungsbereiche des Ausbildungsplanes (Kapitel 5) werden im Gespräch reflektiert. Konkrete Hinweise und Anregungen helfen der Praktikantin, ihren Lernprozess dem Ausbildungsplan entsprechend zu organisieren. Verweise z.B. auf Literatur, die in der Einrichtung verfügbar ist, zeigen der Praktikantin eigene Wege zum Informationserwerb auf.

Sie sehen die Praktikantin in ihren Stärken und Schwächen, und können ihren Entwicklungsfortschritt rückmelden. Vergleiche mit anderen Praktikantinnen und Prognosen über Erfolg oder Misserfolg des Praktikums sind zu vermeiden. Misst die Praktikantin ihren Fortschritt in erster Linie an anderen und nicht am eigenen Lernstand, wird Misserfolg leicht als persönliches Versagen interpretiert und kann zu Blockierungen führen.

Transparenz ist die wichtigste Hilfestellung bei der Aufgabe, die eigenen Kompetenzen und Defizite realistisch einzuschätzen. Sieht die Praktikantin ihre Fortschritte, wird sie nicht nur in vertrauten Situationen verharren, sondern sich neue Übungsfelder suchten.

Anweisungen geben

Viele Praktikantinnen entwickeln eigene Ideen, welche Aufgaben sie übernehmen könnten. Als Anleiterin überprüfen Sie Situationen und Arbeitsbereiche daraufhin, ob sie Möglichkeiten zum Beobachten oder zum Mitmachen in sich bergen und schlagen der Praktikantin Aufgaben vor. Zeigt eine Praktikantin wenig Eigeninitiative oder verhält sie sich eher passiv, sollten Sie Aufgaben an die Praktikantin herantragen, die Potenzial für Erfolgserlebnisse in sich bergen – fördern heißt dann auch fordern.

Sowohl Berufspraktikantinnen mit einem Arbeitsvertrag als auch Schülerinnen eines sozialpädagogischen Ausbildungsganges sind Teammitglieder im Praktikantenstatus und sollten entsprechend ihren Fähigkeiten in die laufenden Arbeitsprozesse einbezogen werden. Die Notwendigkeit zur Arbeitsteilung ergibt sich oft aus dem pädagogischen Alltag. Es gehört zur Rolle der Anleiterin, dass sie führt, korrigiert oder Weisungen gibt. Sie gibt Aufgaben vor, führt in sie ein, weiß um die notwendigen Schritte, kontrolliert ihren Verlauf und erkennt die Zeichen des individuellen Fortschreitens. Die Legitimität der Anweisung einer Anleiterin ergibt sich daraus, dass sie dem Ausbildungsgedanken verpflichtet ist. Sie lässt die Praktikantin nicht allein mit der Aufgabe, sondern gibt Hinweise, wie die Praktikantin die Aufgabe erfüllen kann, erinnert an Absprachen und ermuntert zum Weitermachen. Sie verlangt keinen blinden Gehorsam, sondern *erläutert und begründet* ihr Vorgehen.

Bekommt die Praktikantin eine Aufgabe, mit der sie nicht einverstanden ist, kann die Beziehung zwischen Anleiterin und Praktikantin auf eine Bewährungsprobe gestellt werden. Als Praktikantin sollten Sie sich bewusst machen, dass es in den Arbeitsstrukturen, in denen Erzieherinnen und Sozialpädagoginnen tätig sind, vorkommen kann, dass Anweisungen in Situationen erfolgen, in denen wenig Zeit ist für Erklärungen oder Begründungen. Eine ungeduldig geäußerte Weisung stellt nicht gleich die

Qualität der Anleitung in Frage. Nutzen Sie das Anleitungsgespräch, um die Situation zu klären.

Beraten

Die berufliche Entwicklung ist im Bereich der Sozialpädagogik eng an die emotionale Reife gekoppelt. Die erhöhten Eingangsvoraussetzungen für die Aufnahme an den Fachschulen führen dazu, dass die meisten Schülerinnen über einige Lebenserfahrung verfügen und die eigene Identitätsfindung so weit vorangeschritten ist, dass eine kritische Überprüfung eigener Verhaltensmuster und Erlebensschemata möglich ist.

Viele Praktikantinnen übernehmen während der Ausbildung erzieherische Verantwortung in unterschiedlichen Praxisfeldern. Ihr Handeln wirkt unmittelbar in den Lebensbereich von Menschen hinein. Es ist insofern von Anfang an der „Ernstfall" und erfordert neben der Entwicklung beruflicher Kompetenz bereits ein hohes Maß an persönlicher Identität. Lehrkräfte an Fachschulen berichten immer wieder davon, wie sehr manche Schülerinnen sich durch ein Praktikum verändern. Die Erfahrungen in der Praxis scheinen die gesamte Persönlichkeit erfasst zu haben.

In der Beratungssituation zwischen Anleiterin und Praktikantin muss mit Angstgefühlen auf Seiten der Praktikantin gerechnet werden. Diese Angst in der Beratungssituation kann zum einen in der Furcht begründet sein, dass das Zeigen eigener Schwächen sich negativ auf die Gesamtbeurteilung auswirken könnte. Zum anderen rührt das Infragestellen des eigenen Verhaltens auch an verinnerlichten Wertvorstellungen und Leitbildern, die wichtige Menschen im eigenen Leben repräsentieren können. Verhaltensänderungen kratzen solche bisherigen Lebenskonzepte an, der Einzelne wird ihnen „untreu" und entwickelt Angst. Beratung kann dabei helfen, diese Angst zu überwinden und das emotionale Gleichgewicht in Phasen des Umbruchs und der Veränderung zu erhalten.

Wollen Sie als Anleiterin die Praktikantin nicht nur auf der kognitiven Ebene, sondern auch auf der Ebene der Gefühle und Motive erreichen, sollten Sie die emotionalen Reaktionen der Praktikantin und scheinbar nebensächliche Signale beachten und ansprechen. Sie können der Praktikantin helfen, Gefühle ohne Angst zu äußern und weitergehend aufnahmefähig zu werden, indem Sie Ihre steuernden und kontrollierenden Anteile zurücknehmen und den *unterstützenden* und *beratenden* Teil der Rolle stärker betonen.

Empathie und Annahme sind wichtige Voraussetzungen, um gemeinsam mit der Praktikantin an Einstellungen und Verhaltensweisen zu arbeiten. Verstehen Sie den Beratungsprozess als Coaching mit dem Ziel, die persönlichen Vorstellungen und *Kompetenzen der Praktikantin auf die Anforderungen des Arbeitskontextes abzustimmen.* Machen Sie Ihre eigenen Wertvorstellungen transparent und beziehen Sie eine klare Position, dadurch bieten Sie eine Vorlage für Identifikationsprozesse oder auch für Abgrenzungen.

Eigenanteile wahrnehmen

Wie in jeder professionellen Beratungssituation benötigen Sie auch bei der Beratung von Praktikantinnen die Fähigkeit, die Gefühle der Praktikantin bewusst vor dem *Hintergrund der eigenen Vorstellungen und Gefühle* wahrzunehmen, damit diese das Beratungsgeschehen nicht zu sehr beeinflussen.

Vielleicht gibt es Anteile der Rolle, die Sie gut annehmen können, andere, die eher Schwierigkeiten bereiten. Sie können sich fragen, inwieweit Sie in der Beziehung zur Praktikantin möglicherweise Zuflucht zu vertrauten Verhaltensmustern nehmen:

- Sind sie „Lehrerin“, die viele Fragen stellt, die unterweist, korrigiert und kritisiert?
- Sind Sie „Mutter“, die alles versteht, alles verzeiht, die zuhört und schweigt, die tröstet und ihr Kind nach außen verteidigt?
- Sind Sie „Freundin“, die scherzt, gern diskutiert, die Ratschläge gibt, die neugierig ist und gern Geschichten hört und erzählt?

Werden auf der Beziehungsebene die Rollen „verwechselt“, kann die Praktikantin in Muster geraten, die Missverständnisse, Irritationen und Konflikte hervorbringen. Alte Wahrnehmungs- und Reaktionsmuster, die in früheren Beziehungen vielleicht sinnvoll waren, werden in der gegenwärtigen Situation aktiviert und verhindern neue Verhaltensweisen. Die Abhängigkeit von der anleitenden Person kann ältere Abhängigkeitsgefühle wecken und dazu führen, dass die Praktikantin sich wie ein abhängiges Kind verhält. Als Ergebnis dieser Übertragung verhält sich die Praktikantin dann z. B. überangepasst oder reagiert mit kindlichem Trotz. Nehmen Sie als Anleiterin in einer Gegenübertragung das Rollenangebot unreflektiert an, indem sie z. B. mütterlich-fürsorglich oder väterlich-streng reagieren, geraten Sie beide in ein starres Muster, das in der Vergangenheit und nicht in der Gegenwart verwurzelt ist und nur schwer wieder aufzubrechen ist.

Im Anleitungsprozess gibt es typische Beziehungsfallen: Die passive, hilflose Praktikantin lädt dazu ein, dass Sie sich in eine aktivierende Rolle begeben oder Probleme stellvertretend für die Praktikantin lösen. Die hektische, ziellose Praktikantin lädt zur Übernahme von Verantwortung und Strukturierung ein, die Praktikantin, die sich selbst schlecht macht, aktiviert die Helferrolle. Die Beziehungsangebote enthalten allesamt ein regressives Element und erfordern von der Anleiterin eine kritische Distanzierung und eine bewusste Auseinandersetzung mit dem gezeigten Verhalten.

Positive und negative Gefühle gibt es im Anleitungsprozess auf Seiten der Anleiterin wie auf Seiten der Praktikantin. Manchmal trüben sie den Blick auf die Person, die gegenübersteht. Fragen Sie sich selbst: Welche Charakterzüge lehne ich bei anderen Menschen ab? Welche Eigenschaften sind mir sympathisch? Inwieweit beeinflusst das unsere berufliche Beziehung? Kontraste zur eigenen Person werden oft überdeutlich wahrgenommen und negativ bewertet. Die kritische, problembewusste Anleiterin hat möglicherweise Schwierigkeiten mit einer sehr angepasst wirkenden Schülerin, die zurückhaltende Anleiterin vielleicht mit einer besonders forschen Praktikantin. Positive oder negative Vorerfahrungen mit anderen Praktikantinnen können ebenfalls auf die Anleitungssituation einwirken. Je mehr eine beratende Person über sich selbst weiß, blinde Flecken der Wahrnehmung erkennt oder typische Abwehrmechanismen durchschaut, umso weniger werden sie in die berufliche Beziehung hineingetragen, umso weniger kann der Beratungsprozess durch unterschwellig oder unbewusst wirkende Kräfte gestört werden. Die zunehmende Klarheit führt zu einer größeren Souveränität im Umgang mit der zugewiesenen Rolle.

Rückmeldung von außen, z. B. durch Supervision, kann zu einer verbesserten Selbstwahrnehmung beitragen.

Kommunikationsformen

Um professionelle Anleitungsmethoden im sozialpädagogischen Arbeitsfeld zu entwickeln, können Sie auf typische Methoden der sozialpädagogischen Praxis zurückgreifen. Indem allgemeine Grundregeln der Kommunikation und Interaktion im Anleitungsprozess angewandt werden, eröffnet sich die Chance einer *doppelten Vermittlung*: Die Praktikantin erlebt Formen der Gesprächsführung und Rückmeldung, die sie langfristig vielleicht auch in der eigenen Praxis anwenden kann.

Anregungen für den Anleitungsprozess lassen sich unter anderem aus Prinzipien gewinnen, die im Zusammenhang mir der klientenzentrierten Gesprächsführung entwickelt wurden. Klären Sie die *Frage des Problembesitzes*. Verdeutlichen Sie sich dazu, welche Verhaltensweisen der Praktikantin Sie aufgrund Ihrer Beobachtungen annehmen und akzeptieren können und welche Verhaltensweisen Sie nicht akzeptieren können. Die Situation und die darin gezeigte Verhaltensweise (z. B. Äußerungen) sollten möglichst konkret benannt werden:

„Ich kann annehmen und akzeptieren, dass die Praktikantin ...“

„Ich kann nicht annehmen und akzeptieren, dass die Praktikantin ...“

Arbeitsfeld Kindergarten

In der Elefantengruppe bedrängen die Kinder die Praktikantin im Freispiel, ihnen ein Bilderbuch vorzulesen. Sie wählt fünf Kinder aus und begibt sich mit ihnen in die Kuschelecke, um ihren Wunsch zu erfüllen.

Wie sich im Reflexionsgespräch herausstellt, hat die Praktikantin allerdings ein Problem mit der Situation. Weil sie sich nicht zutraut, mit allen Kindern ein Buch zu lesen, auf das sie nicht vorbereitet ist, entscheidet sie sich für das Lesen in der Teilgruppe. Gegenüber den

Kindern, die sie zurückweisen muss, hat sie ein schlechtes Gewissen und befürchtet deren Zuneigung zu verlieren.

Das Verhalten der Praktikantin in dem Beispiel ist akzeptabel, es stellt für die Anleiterin kein Problem dar. *Akzeptable Verhaltensweisen*, die für die Anleiterin kein Problem darstellen, können für die Praktikantin aber ein Problem sein. Diese Erkenntnis hat Konsequenzen für das Führen von Reflexionsgesprächen: Thema ist auch das Akzeptable! Sagen Sie als Anleiterin, welches Verhalten Sie positiv annehmen können, die Praktikantin wird durch diese positive Rückmeldung von Unsicherheiten befreit. Sie sollten Ihr persönliches Gefühl deutlich machen, aber auch pädagogisch begründen, warum Sie das Verhalten der Praktikantin wertschätzen.

Liegt im akzeptablen Verhalten für die Praktikantin ein Problem, sind Sie als Gesprächspartnerin gefragt. Um das Problem genauer zu erfassen und aus Gesprächsinhalten herauszufiltern, können Sie auf *aktives Zuhören* setzen:

Richtig zuhören fällt selbst nach langer Schulung und Übung noch schwer. Lehrkraft oder Anleiterin sollten sich in Anleitungsgesprächen zurücknehmen, für beide gilt: Zuhören statt reden!

Zur Erinnerung: Aktives Zuhören unterstützt den Gesprächspartner, indem der Beratende durch Rückmeldung des Gehörten zeigt, dass der Sender akustisch und sinngemäß verstanden wurde.

Fördernde Reaktionsweisen sind:

- **Paraphrasieren**: Um sicher zu gehen, dass man den Partner richtig verstanden hat, kann der Inhalt des Gesagten noch einmal mit eigenen Worten wiederholt werden.
- **Zurückspiegeln** der gefühlsmäßigen Erlebnisinhalte einer Äußerung: Das Gefühl, das der Partner in der Äußerung ausdrückt, wird verbalisiert, um ihm z. B. gefühlsnahe Einstellungen, Wünsche und Ziele zu spiegeln.
- **Wahrnehmungsüberprüfung**: Der Partner wird gefragt, ob der eigene Eindruck richtig ist.
- **Informationssuche**: Die gestellten Fragen dienen der Informationsgewinnung in Bezug auf das bisher Gesagte.

Hindernde Reaktionsweisen sind:

- Wechsel des Themas.
- Vermeidung des Blickkontaktes.
- Interpretation des Verhaltens.
- Ratschläge oder Befehle geben, belehren, überreden.

Im obigen Beispiel könnte das Leitbild der Praktikantin, allen Kindern und ihren Bedürfnissen gerecht werden zu wollen, durch Zuhören herausgearbeitet werden. Ihr eigenes Bedürfnis nach Anerkennung durch die Kinder wird sie zum Ausdruck bringen können, wenn sie unterstützende Reaktionen der Anleiterin erfährt: Förderlich wäre die Informationssuche *„Du kanntest das Buch nicht?“*, die Überprüfung der eigenen Wahrnehmung oder die Verbalisierung gefühlsmäßiger Erlebnisinhalte *„Wie du das sagst, klingt das so, als ob du traurig darüber bist, dass du einige Kinder zurückschicken musstest. Stimmt das?“*. Hinderlich wären eigene Gefühle und Meinungen *„Ich denke nicht, dass wir alle Bedürfnisse der Kinder befriedigen müssen“*, Interpretationen *„Du bist wahrscheinlich zu gewissenhaft, deshalb hast du solche Gefühle“*, Verneinungen *„Du brauchst diese Angst nicht zu haben, die Kinder mögen dich trotzdem“* oder vorschnelle Ratschläge und Aufforderungen *„Setz dich einfach mehr durch“*.

Bei *nicht-akzeptablen Verhaltensweisen* der Praktikantin ist die Situation anders:

Arbeitsfeld Kindergarten

Während in der Nachbargruppe die Erzieherin mit einigen Kindern ein Lied einüben möchte, wird es im zweiten Gruppenraum des Kindergartens immer lauter. Zwei Kinder spielen Pirat und bekämpfen sich mit imaginären Schwertern. Die Halbjahres-Praktikantin hat die Aufgabe übertragen bekommen, die Freispielführung zu übernehmen. Sie beschäftigt sich mit vier Kindern am Maltisch und schreitet nicht ein, als Mark und Denis sich in der Bauecke um Legosteine streiten. Die Gruppenleiterin beobachtet die Situation und kritisiert im Reflexionsgespräch das Verhalten der Praktikantin: Sie hätte intervenieren sollen, um die Ruhe wieder herzustellen.

Das Verhalten der Praktikantin ist für die Anleiterin nicht akzeptabel: *Sie* hat ein Problem. Schaut sie sich die Situation genauer an, stellt sie vielleicht fest, dass ihr der zunehmende Lärmpegel gegenüber der Kollegin im Nachbarraum unangenehm war. Aus „ihrer" Gruppe sollten keine Störungen kommen und sie befürchtete den Eindruck zu erwecken, die Kontrolle über die Gruppe zu verlieren.

Bei nicht akzeptablen Verhaltensweisen der Praktikantin, die eigene, starke Gefühle auslösen, sollte die Anleiterin sich selbst kritische Fragen stellen.

- Was stört mich genau?
- Welche Gefühle sind mit der Störung verbunden?
- Worin könnten die Gründe für diese Gefühle liegen?
- Was hat es mit mir zu tun, dass ich dieses Verhalten ablehne?

Entdeckt sie eigene Anteile und möchte sie diese äußern, um die Situation zu klären, ist die *Ich-Botschaft* die angemessene Methode, die Störung zum Ausdruck zu bringen. Eine Ich-Botschaft besteht aus drei Teilen:

- Beschreibung der Situation und des nicht akzeptierten Verhaltens.
- Beschreibung des Gefühls bezüglich dieser Situation.
- Begründung für das Gefühl in dieser Situation (ohne den anderen dafür verantwortlich zu machen).

Auf das genannte Beispiel übertragen, könnte die Ich-Botschaft der Anleiterin dann so klingen:

„Der Lärm in der Gruppe nimmt zu, Denis und Mark streiten sich um die Legos. Du sitzt am Maltisch und versiehst die Bilder der Kinder mit Namen. Mir klingeln die Ohren, meine Lärmschwelle ist weit überschritten! Ich befürchte, dass ich Ärger mit der Kollegin in der Nachbargruppe bekomme."

Die Ich-Botschaft schützt die Anleiterin vor inneren Spannungen und Unzufriedenheit, sie kann ihre Gefühle äußern, ohne dem anderen Schuld zuzuweisen und für eigene negative Gefühle verantwortlich zu machen.

Arbeitsfeld Hilfen zur Erziehung

In einer ambulanten Gruppe begrüßt die Praktikantin die Kinder nach ihrer Ankunft aus der Schule und erinnert sie daran, ihre Schultaschen in das dafür vorgesehene Regal zu stellen (akzeptables Verhalten).

Bei der Hausaufgabenhilfe versucht sie, ein Kind vom Spielen mit den Schreibutensilien abzuhalten, indem sie ihm droht. „Gleich knallt es!“ (nicht akzeptables Verhalten).

Nicht jede Situation ist durch das Senden von Ich-Botschaften zu klären. Hier geht es nicht um die Eigenanteile der Anleiterin, sondern um einen Verstoß gegen Grundregeln des Berufes: Der Praktikantin ist das Problem, das in ihrem Verhalten liegt, vielleicht nicht bewusst. Der Praktikantin ist am besten damit gedient, ihr durch *Konfrontation* das Problem klar und unmissverständlich mitzuteilen. Die Androhung von Gewalt ist für Berufserzieher tabu!

Die Konfrontation geschieht im Gespräch zwischen Anleiterin und Praktikantin. Kann die Praktikantin auch mit Unterstützung keine Handlungsalternativen entwickeln, müssen sie durch die Anleiterin aufgezeigt werden. Die Beziehung zwischen Anleiterin und Praktikantin nimmt keinen Schaden, wenn die Kritik nicht als persönliche Ablehnung gedeutet wird, sondern als Ablehnung eines Verhaltens, das es konstruktiv zu verändern gilt. Vorenthaltene Kritik führt auf längere Sicht zu blinden Flecken in der Selbstwahrnehmung und nimmt der Praktikantin die Möglichkeit, ihr Verhalten zu überprüfen und zu ändern.

Unabhängig von der Frage des Problembesitzes kann es in der konkreten Arbeit sinnvoll sein, der Praktikantin eine Rückmeldung zu geben, die die alltäglichen Arbeitsabläufe nicht zu sehr unterbricht. Die Praktikantin als aufnehmender Teil sollte sich in einer Situation befinden, in der sie auch zuhören kann. Die Rückmeldung sollte angeboten, nicht aufgezwungen werden. Beiden Seiten sollte klar sein, dass ein weiterführendes Reflexionsgespräch durch eine kurze Rückmeldung nicht ersetzt werden kann.

Eine Methode für eine kurze Rückmeldung ist das *Feedback*. Es sollte möglichst unmittelbar auf ein Verhalten erfolgen. Ein Feedback bezieht sich auf das Hier und Jetzt, nicht auf Vergangenes. Es beschreibt keine Tatsachen, sondern ausschließlich Wirkung. Feedback ist nicht Meckern, Schimpfen, Beleidigen, es sollte nicht verletzend formuliert werden. Ein Feedback ist keine Kritik, kein Urteil. Das kann es gar nicht sein, denn es ist immer subjektiv. Feedback soll Missverständnisse vermeiden und Informationsmangel verhindern. Es sorgt für Transparenz.

Feedback geben

- **Beschreiben, was ich sehe**
  Ich beschreibe ganz konkret und ausschließlich das beobachtete Verhalten, ich bewerte es nicht, deute es nicht, stelle keine Diagnosen oder Vermutungen an, verallgemeinere nicht.
- **Empfindung ausdrücken**
  Als Nächstes beschreibe ich die Empfindung, die das Verhalten ausgelöst hat. Die Formulierung ist bewusst subjektiv, denn gleiches Verhalten löst bei unterschiedlichen Personen unterschiedliche Empfindungen aus. Ich beschreibe ausschließlich, wie der andere auf mich wirkt.
- **Positives und Negatives**
  Positive Eindrücke werden meist als selbstverständlich hingenommen und nicht geäußert. Negative Kritik erfahren wir häufiger. Positive Wahrnehmungen sollten ausdrücklich geäußert werden!
- **Direkt ansprechen**
  Ich spreche den Kritisierten direkt und persönlich an, ich rede nicht über ihn, um ihn nicht zum Objekt der Kritiker zu machen.
- **Nicht spekulieren, sondern nachfragen**
  Ich kann die Gründe nicht erahnen, warum der andere sich gerade so verhält, ich kann sie nur erfragen.

Werden diese Grundsätze beherzigt, sind Rechtfertigungen weder notwendig noch sinnvoll. Rechtfertigungen seitens des Feedback-Gebers führen nur dazu, dass das Feedback nicht richtig aufgenommen werden kann. Die Feedback-Nehmerin sollte wissen, dass kein Urteil gefällt wird und so ruhig wie möglich zuhören. Bei Unklarheiten oder Problemen ist es besser, nachzufragen und um genauere Klärung zu bitten statt eine Verteidigungshaltung einzunehmen oder vorschnell zu kontern. Natürlich ist es für die Feedback-Nehmende möglich, später die eigene Meinung darzulegen. Die Anleiterin sollte vor dem ersten Feedback darauf hinweisen. Feedback geben kann nicht nur die Anleiterin, sondern auch die Praktikantin, wenn die Anleiterin sie darum bittet.

Die genannten Methoden der Rückmeldung und Gesprächsführung müssen eingeübt werden, sonst besteht die Gefahr, dass man unecht wirkt und an Glaubwürdigkeit verliert.

Anleitungsmethoden, die auf die Kommunikation und Interaktion zielen, sind so vielfältig wie das Repertoire sozialpädagogischer Methoden selbst. Haben Sie durch Aus- oder Fortbildung genügend Sicherheit in einer Methode gewonnen, scheuen Sie sich nicht, die Praktikantin daran teilhaben zu lassen. Sind Sie z. B. geschult in systemischen Ansätzen, besteht die Chance, gemeinsam mit der Praktikantin den Kontext der Arbeit weiter zu klären, indem Sie offene und verdeckte Aufträge thematisieren, sie eventuell im Rollenspiel aufnehmen und auf Veränderungen innerhalb des sozialen Gefüges hinarbeiten.

Das Anleitungsgespräch

Rituale strukturieren den Alltag, geben Orientierung in Zeit und Raum und stiften Gemeinsamkeit. Auch im Verhältnis zwischen Anleiterin und Praktikantin gibt es Rituale. Anleitungsgespräche lassen sich durch regelmäßige Wiederkehr (mindestens einmal pro Woche), festgelegte Zeiten und wiedererkennbare Abläufe ritualisieren und dadurch zum tragenden Bestandteil des Anleitungsprozesses machen. Beide brauchen dazu einen Ort, der sie vor Störungen schützt und den Abstand zur alltäglichen Arbeit ermöglicht. Auf viel zu kleinen Stühlchen zu hocken oder im Jugendtreff noch gleichzeitig Ansprechpartner für die Jugendlichen zu sein, ist ebenso wenig der richtige Rahmen wie das angrenzende Restaurant.

Im Anleitungsgespräch geben Sie als Anleiterin fachliche Hinweise, Sie unterstützen, beraten und geben der Praktikantin Rückmeldungen über das wahrgenommene Verhalten und ihre Wirkung auf die Kinder und Jugendlichen.

Als Praktikantin holen Sie Informationen ein, teilen Beobachtungen und Einschätzungen mit und stellen Ihre Ideen und Vorplanungen vor. Der geschützte Rahmen signalisiert, dass auch über Dinge gesprochen werden kann, die ein Vertrauensverhältnis voraussetzen. Die anderen Teammitglieder und die Kinder oder Jugendlichen sind ausgeschlossen – es geht ausschließlich um Ausbildungsfragen.

Als Anleiterin können Sie sich auf das Gespräch vorbereiten, indem Sie sich im Laufe der Woche Notizen über Ihre Beobachtungen und Eindrücke machen. Sie können Themen vorgeben oder die Praktikantin auffordern, eigene Themen vorzuschlagen.

Neben den bereits genannten Kommunikationsformen können im Anleitungsgespräch weitere kommunikationstheoretische Erkenntnisse wirksam werden.

Das individuelle Verhalten der Praktikantin lässt sich in Anlehnung an Supervisionsmodelle der *Themenzentrierten Interaktion* (TZI) auf verschiedenen Ebenen betrachten. Es kann im Zusammenhang gesehen werden mit ihr selbst, mit ihren Gefühlen, persönlichen Möglichkeiten und Störungen (*ich*), mit dem aktuellen Beziehungsprozess, dem Stand der Gruppe (*wir*) oder mit den sachlichen Anforderungen, dem Thema, der Aufgabe (*es*). Die gemeinsame gedankliche Arbeit an den konkreten Erfahrungen kann zu übergreifenden Aspekten (*globe*) führen.

- **Ich-Ebene**
  Fragen zum Ich zielen auf die Gedanken, Wünsche, Befürchtungen, Gefühle oder körperlichen Empfindungen der Praktikantin. Wie ging es ihr? War sie offen oder angespannt? War sie gern in den vorgegebenen Strukturen? Wie ging es ihr mit den anderen, mit der Gruppe, dem Einzelnen?

- **Wir-Ebene**
  Wie hat die Praktikantin die Kinder oder Jugendlichen erlebt? Wie gingen die Gruppenmitglieder miteinander um? Welche Gruppenprozesse spielten eine Rolle? Wie entwickelt sich die Zusammenarbeit mit der Anleiterin und im Team?

- **Es-Ebene**
  Welche Aufgaben sind zurzeit wichtig? Kamen unerwartete Aspekte hinzu? Welche Wirkung haben laufende Vorhaben?
- **Globe**
  Die Bedingungen der Arbeit können genauer betrachtet werden: Welche institutionellen Voraussetzungen, welche gesellschaftlichen Entwicklungen, welche politischen Vorgaben beeinflussen die Arbeit?

Kommunikationstheoretisch enthält jede *Nachricht*, die die Praktikantin sendet, einen *Sachaspekt*, daneben hat die gleiche Nachricht aber auch eine *Beziehungs-, Selbstoffenbarungs- und Appellfunktion.*

Da jede Nachricht diese vier Aspekte enthält, Sender und Empfänger aber unterschiedliche Schwerpunkte setzen, kommt es fast zwangsweise zu Störungen und Missverständnissen zwischen beiden. Der Empfänger hat grundsätzlich die freie Auswahl, auf welche Seite der Nachricht er sich konzentriert und auf welche er reagieren will. Für Anleiterin und Praktikantin kann das Wissen um die verschiedenen Seiten einer Nachricht die Kommunikation erleichtern. Welche Seite der Nachricht steht für den Sendenden im Vordergrund? Für welche Seite hat der Empfänger gerade ein offenes Ohr?

„Die Kinder haben nicht so mitgemacht, wie ich es mir gewünscht habe."

Äußert sich die Praktikantin nach einer Aktivität auf diese Weise, können Sie als Anleiterin wählen, auf welchen Aspekt sie sich konzentrieren möchten: Gehen Sie auf den Sachaspekt der Nachricht ein, stellen Sie Rückfragen zum Geschehen, zu den Zielen, zum Verhältnis von Vorplanung und Durchführung und fragen nach Beobachtungen der Praktikantin.

Gehen Sie auf den Selbstoffenbarungsaspekt ein, müssen Sie genauer hinhören, was die Praktikantin gewollt oder ungewollt von sich preisgibt. Worin besteht die Enttäuschung? Ist sie sehr verunsichert?

Auf der Beziehungsebene enthält die Nachricht Informationen darüber, wie Sie als Praktikantin und Anleiterin zueinander stehen. In dem obigen Satz drückt die Praktikantin auch aus, dass sie bereit ist, ihre Arbeit zu reflektieren und in der Anleiterin diejenige sieht, mit der sie darüber sprechen kann.

Um den Appell zu erfassen, der in der Nachricht steckt, muss die gesamte Situation mitberücksichtigt werden. Wozu möchte die Praktikantin die Anleiterin veranlassen? Möchte sie Hilfe bei der Analyse der Situation oder wünscht sie sich Trost und Verständnis für ihre Unzulänglichkeit in der pädagogischen Situation? Wünscht sie sich konkrete Anregungen für die nächste Aktivität mit den Kindern?

Grundsätzlich sind alle vier Seiten der Nachricht gleich wichtig. Hier liegt es an der Art der Gesprächsführung, welcher Aspekt in den Vordergrund gerückt wird und auf welchen Sie näher eingehen. Auf der Sachebene geht es darum, Interesse an der Arbeit der Praktikantin zu zeigen und zusätzliche Impulse durch Fragen und Anregungen zu setzen. Ein reines Konzentrieren auf die Sache bringt nichts, wenn Störungen auf den anderen drei Seiten der Nachricht die Oberhand gewinnen. Die „unsachlichen“ Impulse sind Teil der Realität und bestimmen die Kommunikation aus dem Verborgenen.

Auf der Selbstoffenbarungsebene geht es häufig um die persönlichen Probleme der Praktikantin, die sich aus Gefühlen der Unzulänglichkeit in neuen Situationen ergeben. Gefühle, Vorurteile, Ablehnung und Widerstände können – behutsam angegangen – Ausgangspunkt für wichtige Entwicklungsschritte sein. Sie können der Praktikantin helfen, Hoffnung, Freude, Angst und Befürchtungen zu verbalisieren, indem Sie sie nicht um- oder wegdeuten.

Geht es um Kritik am Verhalten der Praktikantin, sollten Sie den Sachaspekt betonen. Mut zur gelegentlichen Metakommunikation unter Betonung der Selbstoffenbarungs- und Beziehungsseite („Welche Ängste, welche Freuden beeinflussen mich? Was macht es schwer, Schwächen zu offenbaren? Wie stehen wir zueinander?“) hat langfristig positive Auswirkungen auf die Verständigung. Auch wenn die Bearbeitung von Störungen Zeit kostet, lohnt sich die Investition, da dadurch neue Energien freigesetzt werden.

Beim Umgang mit Lob und Tadel wird deutlich, ob die Beziehung zwischen Anleiterin und Praktikantin das richtige Verhältnis zwischen Nähe und

Distanz aufweist. Lob wie Tadel sollten sachlich begründet werden. Die Anleiterin benötigt Distanz, um sich nicht davor zu scheuen, begründeten Tadel anzubringen und genügend Nähe ist notwendig, damit sich die Praktikantin als Person ernst genommen und geschätzt fühlt, um nicht verletzt, verärgert oder beleidigt zu reagieren. Negative Kritik anzunehmen kann eingeübt werden - als Praktikantin sollten Sie misstrauisch gegenüber der eigenen Wahrnehmung werden, wenn Sie nach einer negativen Kritik ausschließlich auf die Beziehungsebene fixiert sind.

Zum Ende eines Anleitungsgespräches sollte die Weiterarbeit (Inhalte, Zeiten, Methoden ...) bis zum nächsten Gesprächstermin angesprochen und verbindlich festgelegt werden.

Befinden sich mehrere Praktikantinnen in der Einrichtung, kann auch die Einrichtung von Praktikantenkonferenzen sinnvoll sein, auf denen Erfahrungen ausgetauscht und übergreifende Themen behandelt werden.

Konfliktmanagement

Arbeitsfeld Hort

Christina schleicht sich jeden Morgen in die Einrichtung, sagt nur mürrisch „Guten Morgen" und verbringt den größten Teil der Zeit mit dem Ordnen von Materialien. Sie ist mit den Aufgaben unzufrieden, die von der Anleiterin an sie herangetragen werden, fühlt sich unterfordert und möchte sich selbstständiger mit den Kindern beschäftigen. Sie hat Angst, ihre Unzufriedenheit gegenüber der Gruppenleiterin zum Ausdruck zu bringen. Als sie von der Anleiterin aufgefordert wird, nach den Kindern im Ruheraum zu sehen, sagt sie zwar „ja", murmelt aber leise „jetzt muss ich das schon wieder machen" und zeigt durch ihren Gesichtsausdruck deutlich, dass sie verärgert ist.

Die Anleiterin ist ebenfalls verärgert. Christina bringt sich ihrer Meinung nach zu wenig ein, ihr gereizter Ton und ihr unfreundliches Verhalten gegenüber Mitarbeitern und Kindern erscheinen ihr für den angestrebten Beruf völlig unangemessen.

Konflikte wirken oft unterschwellig. Christina braucht viel Energie, um ihren Ärger und ihre Unzufriedenheit zu unterdrücken. Da sie befürchtet, von der Anleiterin schlecht beurteilt zu werden, wagt sie nicht, die Gründe für ihre Unzufriedenheit anzusprechen. Weil die Anleiterin den Hintergrund für Christinas Ärger nicht wahrnimmt, entwickelt sie grundsätzliche Zweifel an der Eignung für den angestrebten Beruf und äußert diese im Gespräch mit der Lehrkraft.

Konflikte sind im Anleitungsverhältnis unvermeidbar. Es ist kaum anzunehmen, dass Zielsetzungen, Meinungen und Interessen über einen längeren Zeitraum immer übereinstimmen. Konflikte im Anleitungsverhältnis lassen sich nicht aus der Welt schaffen, indem nicht darüber gesprochen wird. Werden sie unter den Teppich gekehrt, weil beide Seiten meinen, Konflikte dürften in einem guten Anleitungsverhältnis nicht vorkommen, kommt es fast zwangsläufig zu Störungen in der Kommunikation. Der emotionale Druck nimmt zu, es gibt vermehrt Missverständnisse, die Angst vor Eskalation nimmt zu, jede Seite möchte ihre Sichtweise erhalten und sieht im Gegenüber den Verursacher für die Probleme.

Von Seiten der Praktikantin werden viele Signale gesendet, wenn etwas „nicht stimmt“. Gespielte Gleichgültigkeit, häufige Übermüdung, zu spät abgegebene Berichte, ständiges Verschieben von Gesprächsterminen oder auch eine verkrampfte Steigerung der Aktivität können auf Unsicherheiten, Über- oder Unterforderung oder ungelöste Konflikte hindeuten.

Sprechen Sie als Anleiterin solche Beobachtungen an und formulieren Sie klar, worin für Sie das Problem besteht. Konfrontieren Sie die Praktikantin auch mit unangenehmen Wahrheiten! Werden die Aussagen der Anleiterin durch konkrete Beobachtungen belegt, spiegeln diese der Praktikantin das eigene Verhalten wider. Die Praktikantin benötigt Verständnis bei Problemen, für die sie nicht verantwortlich ist. Versuchen Sie Sperren, Barrieren und Widerstände abzubauen, aber machen Sie aus einer Praktikantin im Arbeitsfeld Sozialpädagogik keinen „sozialpädagogischen Fall“!

Wird der Konflikt durch einen Machtkampf gelöst, hat die Anleiterin mehr Machtmittel zur Verfügung als die Praktikantin, die Praktikantin befindet sich in einem Abhängigkeitsverhältnis. Wollen Sie als Anleiterin ihrer Praktikantin Ängste nehmen, signalisieren Sie, dass es Ihnen nicht darum geht, einen Machtkampf zu führen, sondern Konflikte gemeinsam anzugehen und zu lösen. Wenn Sie selbst am Konflikt beteiligt sind, beziehen Sie deutlich Position, aber machen Sie auch klar, dass es in Ihrem Interesse ist, Ursachen zu erkennen, verhärtete Positionen aufzubrechen und emotional geladene Situationen zu klären. Konflikte bieten Lernpotenzial, unterschiedliche Erwartungen und Standpunkte können geklärt und für den Anleitungsprozess produktiv genutzt werden. Orientierung bei der Bereinigung spannungsgeladener Situationen bietet die *niederlagenlose Methode* der Konfliktlösung:

- **1. Schritt: Konfliktdefinition**
  Machen Sie den ersten Schritt und helfen Sie der Praktikantin, den Konflikt zu benennen. Je genauer der Konflikt benannt werden kann, umso besser. Verdeutlichen Sie auch die eigene Position. Die verschiedenen Sichtweisen sollen deutlich werden. Welche Gefühle und Gedanken begleiten den Konflikt? Fragen Sie nach, aber diskutieren Sie nicht! *Effekt*: Der Konflikt kann aus unterschiedlichen Perspektiven betrachtet werden.
- **2. Schritt: Bedingungsanalyse**
  Klären Sie die Bedingungen, die zu dem Konflikt führen oder ihn aufrechterhalten. Wann tritt das Problem auf? Was geht voraus? Was folgt danach? *Effekt*: Veränderbare Bedingungen können erkannt werden.
- **3. Schritt: Gemeinsame Suche nach Lösungen**
  Regen Sie die Praktikantin an, selbst Vorschläge zur Lösung des Konfliktes zu machen. Versuchen Sie die Ideen zu akzeptieren und halten Sie sich mit Bewertungen zurück. Falls notwendig, bringen Sie erst danach eigene Lösungsvorschläge ein.
- **4. Schritt: Bewertung der Lösungen**
  Bewerten Sie die entwickelten Lösungsmöglichkeiten in einem gemeinsamen Prozess auf ihre Brauchbarkeit hin. Jeder hat das Recht, für ihn unannehmbare Lösungen zu streichen.
- **5. Schritt: Einigung auf eine für beide Seiten akzeptable Lösung**
  Nach dem Sammeln von Lösungsmöglichkeiten wird eine Entscheidung getroffen, die beide akzeptieren können. Versuchen Sie, den Weg, der zum Ziel oder zur Lösung führen kann, möglichst genau zu

bestimmen und klare Handlungsgrenzen aufzuzeigen. Treffen Sie Entscheidungen über das geplante Vorgehen, legen Sie Aufgaben und Zeitpunkte fest.

- **6. Schritt: Lösungskontrolle**
  Überprüfen Sie nach einiger Zeit die getroffene Regelung und beurteilen Sie gemeinsam, ob das gesetzte Ziel erreicht wurde.

Berücksichtigen Sie diese Grundsätze, vermeiden Sie eine Situation, in der es einen Sieger und einen Verlierer gibt. Stattdessen arbeiten Sie mit dem Potenzial, das Sie beide zur Lösung von Problemen mitbringen.

Die Praktikantin sollte Unterstützung erfahren, muss aber auch selbst ihre Fähigkeiten und Reserven aktivieren, um persönliche Bewältigungsstrategien zu finden. Ein Scheitern von gewohnten Problemlösungsmustern kann die Praktikantin in eine Krise führen. Jede Krise ist schmerzhaft, ist mit Enttäuschung, Leid und manchmal auch mit dem Gefühl der Hoffnungslosigkeit verbunden. Oft wird einem erst durch die Krise klar, dass Krisen auch Wendepunkte sind und zu wichtigen Veränderungen führen können. Unbewältigte Krisen können Lernblockierungen oder auch Krankheiten auslösen, bei gelungenen Veränderungen winken jedoch Kompetenzsteigerung und Identitätsgewinn.

Gespräche mit der Lehrkraft

Die meisten Praktika sind so angelegt, dass mehrere Besuche durch die Lehrkräfte der ausbildenden Schule vorgesehen sind. Der Besuch der Lehrkraft kann verunsichernd wirken, wenn Rollenunklarheiten bestehen. Die Außenperspektive der Lehrkraft kann Gesprächsanlässe zu Konzeption und Rahmenbedingungen bieten. Wichtigstes Ziel des Besuches ist jedoch die *Beratung* und zu einem späteren Zeitpunkt eventuell auch die *Beurteilung* der Praktikantin. Lehrkraft und Anleiterin sind Kollegen in der Besuchssituation, haben unterstützende, beratende, beurteilende Funktionen und sind beide für die Entwicklung der Praktikantin verantwortlich.

Das Dreiecksverhältnis Anleiterin – Praktikantin – Lehrkraft bietet eine Fülle von emotionalen Solidarisierungen und Abgrenzungen. Spannungen zwischen den beteiligten Personen können vermieden werden, indem ein Höchstmaß an Transparenz hergestellt wird. Anleiterin und Lehrkraft sollten möglichst nicht in Abwesenheit der Praktikantin über sie, sondern gemeinsam mit ihr positive Entwicklungen und problematische Aspekte besprechen. Die Praktikantin bekommt dann nicht das Gefühl, dass ihr Informationen oder Beurteilungen vorenthalten werden. Der Praktikantin kann dadurch etwas von dem Druck genommen werden, der dadurch entsteht, dass bestimmte Voraussetzungen erfüllt werden müssen, um das Praktikum erfolgreich abzuschließen.

Die von der Schule gestellten Aufgaben (z.B. Erstellung einer Situationsanalyse, Beobachtungsaufgaben, geplante Vorhaben) sind Kernpunkte der Gespräche. Die Vorgaben durch die schulische Ausbildungsstätte dürfen nicht zu eng gefasst sein. Von der Ausbildungsstätte vorgeschriebene Inhalte von Vorhaben und Projekten greifen in der Regel zu sehr in die Arbeit der Einrichtungen ein.

Lehrkräfte sollten den Schülern konkrete Hilfen bei der Planung anbieten. Besuchende Lehrkräfte sollten sich im Gespräch nicht nur auf ihr Fachgebiet beschränken, sondern mit ihren fundierten Kenntnissen auf pädagogischem und didaktisch-methodischem Gebiet konkrete Projekte mit Kindern und Jugendlichen begleiten. Die erste Beratung sollte dazu dienen, bestehende Erwartungen zu klären und individuelle Schwerpunkte zu finden, die auf das Praxisfeld und die Praktikantin zugeschnitten sind. Bei den folgenden Besuchen dürfen die angesprochenen Erfahrungsfelder und die damit verbundenen Zielsetzungen nicht aus den Augen verloren werden. Die Lehrkraft kann der Praktikantin ebenso wie die Anleiterin eine Rückmeldung geben, die sich nicht nur auf Gehörtes, sondern auch auf eigene Eindrücke bezieht. Künstlich geschaffene Prüfungssituationen, die durch spezielle Arrangements entstehen, sollten vermieden werden. Besuche des Lehrers in der Einrichtung, um einen Teil des Tagesablaufes der Praktikantin mitzuerleben, sind jedoch eine gute Möglichkeit, die Arbeit der Praktikantin nicht nur im Gespräch kennen zu lernen, sondern das pädagogische Geschehen teilnehmend-beobachtend zu erfahren. Es dient im anschließenden Reflexionsgespräch als Bezugspunkt, um das eigene Verhalten einzuschätzen.

In vielen Praktika kann die Lehrkraft die Auseinandersetzung mit einem praxisrelevanten Thema fordern. Dieses Thema wird dann in einem Fachgespräch näher behandelt. Das von der Praktikantin vorbereitete Gespräch findet meistens in der Einrichtung statt. Das in einigen Ausbildungsgängen übliche Kolloquium, das sich an das Praktikum anschließt, verfolgt das gleiche Ziel. Die Fähigkeit der Praktikantin, eine Verbindung zwischen Theorie und Praxis herzustellen, soll überprüft werden.

Bei Konflikten zwischen Praktikantin und Anleiterin kann die Lehrkraft eine vermittelnde Rolle einnehmen. Kommt es zu Verstößen gegen Ausbildungsrichtlinien, ist die Lehrkraft in ihrer administrativen Funktion gefordert. Ein Wechsel der Praxisstelle sollte nur als letzte Möglichkeit ins Auge gefasst werden. Kommt eine Praktikantin zu dem Ergebnis, nicht die richtige Berufsentscheidung getroffen zu haben, ist ein Abbruch des Praktikums und die Beendigung der Ausbildung die Konsequenz.

Als Praktikantin können Sie sich auf *Anleitungsgespräche vorbereiten*. Bestimmen Sie selbst Themen, besprechen Sie, was Ihnen wichtig ist, holen Sie sich Rat und Hilfe bei Problemen. Sie zeigen dadurch Ihre Fähigkeiten und vermeiden es, ausgefragt zu werden und in eine passive, rezeptive Rolle zu geraten.

Der bei Besuchen oft geäußerte Wunsch der Einrichtungen, ihre Arbeit nach außen darzustellen und an der theoretischen Ausbildung mitzuwirken, sollte von den Schulen aufgenommen werden. Praxisanleiterinnen und andere Kolleginnen der Praxis sind oft Expertinnen in bestimmten Bereichen und sollten in den Unterricht einbezogen werden. Gemeinsame Unterrichtsprojekte und praktikumsbegleitender Unterricht in der Ausbildungsstätte bieten für beide Ausbildungsorte neue Impulse. Fragen der Ausbildungsorganisation können auf übergreifenden Treffen von Anleiterinnen und Lehrkräften gemeinsam besprochen werden.

Zusammenfassung

Um in ihrer **Entwicklung gefördert** zu werden, brauchen Praktikantinnen Freiräume und eine verbindliche Beziehung zur Anleiterin. Die Anleiterin klärt Dinge und unterstützt die Praktikantin emotional. Bei **Anweisungen** erläutert und begründet sie ihr Vorgehen. Die **Beratung** der Praktikantin dient dazu, Probleme zu erkennen und die persönlichen Kompetenzen der Praktikantin auf die Erfordernisse des Arbeitsfeldes abzustimmen. Die Anleiterin sollte sich darum bemühen, **Eigenanteile** wahrzunehmen, die die Beratungssituation beeinflussen könnten. **Kommunikationsformen**, die im Arbeitsfeld eine Rolle spielen, können in den Anleitungsprozess einfließen. Bei akzeptablen Verhaltensweisen, die die Praktikantin vor ein Problem stellen, setzt die Anleiterin auf **Zuhören**. Beeinflussen eigene Anteile die Störung, bringt sie das durch eine **Ich-Botschaft** zum Ausdruck. Liegt das Problem im Verhalten der Praktikantin, konfrontiert sie die Praktikantin damit. Kurze Rückmeldungen gibt sie durch ein Feedback. Das **Anleitungsgespräch** sollte zum regelmäßigen Ritual werden. **Konflikte** werden angesprochen und möglichst in einem gemeinsamen Prozess gelöst. **Gespräche mit der Lehrkraft** dienen der Beratung und Beurteilung. Die Praktikantin bereitet sich auf Anleitungsgespräche vor.

Arbeitshilfe: Vorbereitung auf ein Gespräch mit der Lehrkraft

1. Welche Informationen möchte ich meinem Betreuungslehrer vermitteln?
- Zur Einrichtung und zum Arbeitsfeld
- Zu einzelnen Kindern/Jugendlichen
- Zur Gruppe

2. Welchen Einblick möchte ich in meine pädagogische Arbeit geben?
- Welche pädagogischen Aufgaben erfülle ich?
- Welche pädagogischen Probleme sind mir begegnet?

3. Welche Vorhaben oder Projekte verfolge ich?
- Welche Bedingungen spielen bei der Planung eine Rolle?
- Welche Angaben kann ich zu Zielen, Inhalten, Methoden, Medien/ Materialien machen?
- Zu welchen Ergebnissen bin ich selbst gekommen?
- Welche Rückmeldungen habe ich bisher zur Planung und Durchführung bekommen?

4. Welche Schwerpunkte habe ich mir gesetzt?
- Welche Absprachen sind bisher getroffen worden?
- Woran möchte ich noch besonders arbeiten?
- Welche Ausbildungsinhalte sind für mich von Bedeutung gewesen?
- Welche Themen möchte ich weitergehend bearbeiten?
- Welche Handlungskompetenzen muss ich noch erwerben?
- Welche persönlichen Entwicklungsfortschritte sind für mich wichtig?

Arbeitshilfe: Möglicher Verlauf eines Erstgesprächs für angehende Erzieherinnen

Das Erstgespräch findet zu Beginn des Praktikums statt. Beteiligt sind Praktikantin, Anleiterin und die betreuende Lehrkraft.

1. Verständigung über die Ziele des Gesprächs

2. Reflexion erster Erfahrungen der Praktikantin

a) Vorstellung der Einrichtung und Begründung der Wahl als Praxisstelle
b) Schilderung bisher übernommener Aufgaben, Rolle als Praktikantin
c) Formulierung wichtiger Themen, mit denen sich die Praktikantin auseinandersetzt
d) Besprechung möglicher Ziele im Praktikum

3. Klärung der Modalitäten der praktischen Ausbildung

a) Klärung der Rahmenbedingungen (z. B. festgelegte Anleitung, parallele Arbeitszeit, wöchentliche Anleitungsgespräche ...)
b) Absprachen über die Dienstzeiten, Teilnahme an Teamsitzungen, Elterngesprächen, Festen, Fahrten ...
c) Sichtung des Ausbildungsplans/der Ausbildungsziele, Besprechung der schulischen Aufgaben
d) Besprechung offener Fragen

4. Ausblick

a) Aufzeigen möglicher Lernchancen für die Praktikantin (vgl. Kap. 5)
b) Absprachen bezüglich des Abschlussgespräches (Beurteilungskriterien, Terminierung, Struktur)

Kapitel 9
Die eigene Arbeit darstellen

Das pädagogische Tagebuch

Geht das Praktikum dem Ende entgegen, drückt häufig die Last der Berichte, die noch geschrieben werden müssen. Die Vorgaben für die schriftlichen Ausarbeitungen geben die Lehrkräfte an den schulischen Ausbildungsstätten. Sitzen Sie als Praktikantin dann am Schreibtisch, um die einschneidenden Erfahrungen in den Computer zu tippen, die die eigene Entwicklung vorangetrieben haben, sind diese oft kaum noch zu greifen oder verlieren ihre Lebendigkeit und Tiefe, sobald sie schriftlich fixiert werden sollen.

Sie haben es leichter, wenn Sie die *Darstellung der eigenen Arbeit* nach außen nicht als eine Angelegenheit begreifen, die erst nach dem Praktikum erfolgt, sondern als eine Aufgabe, die, wie die praktische Tätigkeit, der Vorbereitung auf einen Erziehungsberuf dient und das *gesamte Praktikum begleitet*.

Eine bewährte Form, eigene Beobachtungen, Gedanken, Fragestellungen oder Bewertungen festzuhalten, ist das *pädagogische Tagebuch*. In chronologischer Abfolge werden wie in einem Protokoll *persönliche Gedanken und Sachinformationen* festgehalten. Ergebnisse aus Informations- und Reflexionsgesprächen, Zusammenfassungen aus Literatur- oder Aktenstudium, strukturierte oder unstrukturierte Beobachtungen können die Inhalte sein.

Bei geplanten Vorhaben werden im pädagogischen Tagebuch die Bedingungen der Arbeit kritisch überprüft, um eine Antwort auf die Frage zu finden, welche Möglichkeiten der pädagogischen Arbeit sich bieten. Sie können sich fragen, wie durch eine geschickte Organisation die gegebene Situation für die pädagogischen Absichten genutzt oder wie sie verändert werden kann.

Wenn Sie über eigene Aufzeichnungen verfügen, blicken Sie bei der Vorbereitung praktischer Aufgaben auf vergleichbare Übungen zurück oder

Sie bereiten Anleitungsgespräche vor, indem Sie auf die Ereignisse seit dem letzen Gespräch zurückschauen. Eventuell entwickelt sich aus Aufzeichnungen während des Praktikums eine Struktur, die später für die Gliederung schriftlicher Arbeiten hilfreich ist. Ein pädagogisches Tagebuch sollte wie ein privates Tagebuch eine persönliche Angelegenheit der Schreiberin sein und nicht als schriftlicher Leistungsnachweis angesehen werden.

Die Materialmappe

In einer Praxismappe werden während des Praktikums alle praxisbezogenen *Materialien* wie Projektideen, besondere Methoden, Lieder, Spiele, Rezepte, Gedichte, Geschichten, Gestaltungsanleitungen u.a. gesammelt. Bei weiteren Praktika und im späteren Beruf erleichtern die Materialien die Vorbereitung der Arbeit.

Die Praxisgeschichte

Die Praxisgeschichte ist die schriftliche Darstellung einer spannenden oder beispielhaften Episode aus der Arbeit der Praktikantin in der sozialpädagogischen Einrichtung.

Praxisgeschichte aus dem Arbeitsfeld Kindergarten

In der Nähe des Kindergartens unserer kleinen dörflichen Gemeinde gastiert ein Zirkus. Am Morgen bringt eine der Artistinnen ihre 4-jährige Tochter, sie soll den Tag hier verbringen. Unsere Leiterin hat zunächst Einwände, stellt dann aber ihre Bedenken zurück und nimmt das Mädchen als Gast auf. Es kommt in unsere Gruppe.

Das Kind geht in die Küche, um sich etwas zu essen zu holen. Eine Erzieherin macht es darauf aufmerksam, dass es sich vor dem Verlassen des Gruppenraumes bei der Gruppenerzieherin abmelden müsse, das Frühstück finde erste später statt. Kurze Zeit später macht die Gruppenerzieherin das Mädchen im Materialraum ausfindig, wo es neues Spielzeug auspackt, das eigentlich für die Zwergengruppe bestimmt ist.

In der Gruppe spielt es allein, als das Ende des Freispieles angekündigt wird, protestiert es mit den Worten: „Ich habe noch nicht fertig gebaut!“ Zwei 6-jährigen Jungen, die ihre Bausteine in den Kasten werfen wollen, tritt es entgegen, es nimmt ihnen die Steine wieder aus der Hand.

Nach dem Frühstück gehen die Kinder nach draußen. Das Mädchen klettert auf das Hochgerüst und lässt Sand aus der Hand herunterrieseln. Ein 4-jähriger Junge mit Brille stellt sich vor das Gerüst und ruft: „Man darf nicht mit Sand werfen!“ Das Mädchen wirft nun gezielt mit Sand nach dem Schreier, der vor Entrüstung einen hochroten Kopf bekommt und immer lauter brüllt, ohne sich von der Stelle zu rühren. Einige ältere Jungen klettern auf das Gerüst und werfen nun ebenfalls mit Sand, bis ich herbeieile, die Kinder herunterrufe und sie streng ermahne, nicht mit Sand zu werfen.

Im Stuhlkreis singt das Mädchen den „Katzentatzentanz“ mit, es darf in die Mitte und der Kater sein. Es lächelt, genießt sichtlich den kleinen Auftritt. Morgen ist es wahrscheinlich in einem anderen Kindergarten.

Solche Mini-Fallstudien ohne bewertende Kommentare können als Ausgangspunkt genommen werden, um Erlebnisse zu strukturieren und Themen für genauere Beobachtungen auszumachen. Sie dienen im Unterricht als Grundlage für die Auswertung der Erfahrungen in der Praxis. In den Ausbildungsgruppen können auch gemeinsame Aufgabenstellungen und Fragestellungen entwickelt werden, die von den Schülerinnen/Studentinnen aufgenommen werden, indem sie in ihren jeweiligen Praxisfeldern Geschichten dazu sammeln. In Praxisberichten oder Reflexionsgesprächen beschreiben sie lebendig bestimmte Ausgangssituationen, bieten Anhaltspunkte für eine Analyse oder veranschaulichen das pädagogische Handeln.

Der Praxisbericht

Der *Praxisbericht* ist eine schriftliche Bearbeitung von Aufgaben, die im Zusammenhang mit den Zielsetzungen der jeweiligen Praxiswochen stehen. Umfang und Form des Praxisberichtes werden in der Regel von der Ausbildungsschule festgelegt. Ihre Aufzeichnungen im pädagogischen Tagebuch können als Anregung dienen, müssen für den Bericht aber erweitert und in eine besondere Form gebracht werden.

Wie in der Berufspraxis müssen geschriebene Berichte bestimmten inhaltlichen und formalen Anforderungen entsprechen. Üblich sind einseitig beschriebene DIN-A4-Blätter, der Zeilenabstand beträgt 1½ Zeilen. Ein Bericht erfordert einen klaren, knappen Stil. Ausschmückungen und Abschweifungen werden vermieden. Der Bericht sollte ein Deckblatt aufweisen, das folgende Angaben enthält:

- Name und Anschrift der schulischen Ausbildungsstelle.
- Name der betreuenden Lehrkraft.
- Bezeichnung und Dauer des Praktikums.
- Name und Anschrift der Praxisstelle.
- Name des Anleiters/der Anleiterin.
- Name des Leiters/der Leiterin.
- Name des Schülers/Studierenden.
- Abgabetermin.

Ein Inhaltsverzeichnis verweist auf die einzelnen Kapitel und Unterkapitel, auf das Literaturverzeichnis und den Anhang unter Angabe der jeweiligen Seitenzahl. Ein Literaturverzeichnis ist notwendig, falls Bücher als Quellen benutzt wurden. Ein Anhang kann für das Verständnis notwendige Zusatzinformationen wie eine Kopie der Konzeption der Einrichtung oder eine Dokumentation enthalten. Der Leser sollte erfahren, wie Sie als Berichtende zu ihren Informationen gekommen sind: Machen Sie Zitate aus schriftlichen Quellen als solche kenntlich und legen Sie andere Informationsquellen (z. B. Auskünfte durch die Anleiterin) offen. Bei der Darstellung der Einrichtung kann das Präsens benutzt werden, bei der Schilderung von Vorgängen ist das Präteritum die angemessene Zeitform.

Ist Ihnen die inhaltliche Gestaltung des Praxisberichtes freigestellt, können Sie unterschiedliche thematische Schwerpunkte setzen. Gliedern Sie bereits vorhandene Aufzeichnungen und ergänzen Sie diese durch weitere Informationen. Mögliche Inhalte eines Praxisberichtes sind:

- Eine Arbeitsfeldanalyse,
- Kurzzeitbeobachtungen und deren Auswertung,
- Entwicklung einer eigenen Fragestellung,
- Die didaktisch-methodische Planung und Reflexion eines pädagogischen Vorhabens,
- Die schriftliche Auswertung des Praktikums.

In der Arbeitsfeldanalyse werden die bereits im Startbericht angesprochenen Punkte vertiefend behandelt. Die Informationen zur Einrichtung (Einrichtungsart, Träger, Lage, Einzugsgebiet, Räumlichkeiten, Personal, Ausstattung, Öffnungszeiten, Aufgaben, Konzeption, Zielgruppen ...) werden gesammelt, zusammengefasst und gegliedert. Das eigene Tätigkeitsgebiet wird dargestellt, analysiert (z.B. Beschreibung der Gruppe oder einzelner Kinder) und die eigene pädagogische Arbeit (Aufgaben, Tätigkeitsschwerpunkte) wird deutlich gemacht.

Bei Beobachtungen und deren Auswertung sollten Sie die strikte Trennung von beschreibenden und deutenden Aussagen beibehalten.

Haben Sie eine eigene Fragestellung zum Praktikum entwickelt, sollte im Schlussteil eine pointierte Zusammenfassung Ihrer Erfahrungen erfolgen und ein Fazit gezogen werden.

Eine allgemeine Auswertung des Praktikums muss sorgfältig gegliedert werden. Die im Ausbildungsplan (vgl. Kap. 5) gesetzten Schwerpunkte bieten eine wichtige Orientierung. Persönliche Erwartungen und Zielsetzungen bezüglich Gruppe, Mitarbeitern, Bildungs- und Erziehungsarbeit, Elternarbeit und individueller Anleitung können z.B. den tatsächlich gemachten Erfahrungen gegenübergestellt werden. Auch die Beleuchtung der eigenen Rolle kann Anregungen für die Auswertung bieten. Bei der Darstellung von Vorhaben und Aktionen werden Planung, Reflexion und Dokumentation klar voneinander getrennt. Durchgeführte Vorhaben werden strukturiert zusammengefasst, Einzelaktivitäten oder Teilabschnitte eventuell ausführlicher beschrieben.

Der Praxisbericht soll *sachlich* sein und den Leser möglichst *objektiv* über die Einrichtung und Vorgänge informieren. Gibt es Probleme in der Zusammenarbeit im Team oder mit der Anleitung, sollten diese Probleme in einem Gespräch angesprochen werden, Berichte sind nicht der Ort für eine nachträgliche „Abrechnung".

Persönliche Überlegungen gehören im Allgemeinen nicht in einen Bericht. Berichte im sozialpädagogischen Bereich sind aber in der Regel mit der Aufforderung verbunden, Schlussfolgerungen aus den Beobachtungen und Fakten zu ziehen und das eigene Verhalten zu reflektieren. Es gelten daher andere Grundsätze: Deutungen und eine persönliche Stellungnahme können Teil des Berichts sein, müssen aber als solche kenntlich gemacht werden. Unterscheiden Sie bei der Gliederung zwischen einem deskriptiven Teil, in dem es um die Darstellung von äußeren Bedingungen und Vorgängen geht, und der Reflexion oder einer Stellungnahme.

Begründen Sie in der Reflexion Ihre eigene Meinung und untermauern Sie Behauptungen mit Fakten und Beispielen. Die Trennung zwischen Sachinformationen (*„Es hat tagelang geregnet"*) und Schlussfolgerungen (*„Daher haben wir einige Programmpunkte geändert"*) oder eigener Meinung (*„Meiner Meinung nach hat der Regen unsere Aktion nicht beeinträchtigt"*) muss auch in den sprachlichen Formulierungen klar zum Ausdruck kommen.

Der Praktikumbericht wird entweder am Ende der Praxiswochen insgesamt oder in einzelnen Abschnitten zeitlich versetzt in der Schule oder dem Seminar abgegeben. Der Bericht ist ein ausbildungsinternes Schriftstück, das nicht für die Öffentlichkeit bestimmt ist. Die Anleiterin sollte den Bericht einsehen können und die Praktikantin gegebenenfalls auf Unverständlichkeiten oder Ungenauigkeiten hinweisen. Die Verantwortung für den Inhalt des Berichtes trägt allein die Praktikantin.

Die Facharbeit

Eine *Facharbeit* beinhaltet die Bearbeitung eines *Themas*, einer Fragestellung oder einer *Aufgabe*, die in direktem Bezug zum Praktikum steht. Sie kann als Hausarbeit gelten oder einer Abschlussarbeit im Rahmen einer Abschlussprüfung entsprechen.

Ein geeignetes Thema für die Facharbeit zu finden ist nicht leicht, da es weder zu eng gefasst sein sollte noch zu viel Spielraum geben darf. Sie tun gut daran, die Eingrenzung des Themas mit der Lehrkraft zu besprechen, die die Arbeit später beurteilt. Die genaue Formulierung des Themas sollte sorgfältig bedacht werden, denn die schriftlichen Ausführungen müssen sich streng an das vorgegebene Thema halten. Praxisrelevante Themen ergeben sich aus den unterschiedlichen Erfahrungsfeldern der Arbeit.

Häufig wird es in einer Facharbeit darum gehen, dass Sie Ihre Fähigkeit zur Reflexion von Planung und Durchführung von Handlungen beweisen sollen. Das gewählte Thema kann dann Angaben zu inhaltlichen oder methodischen Schwerpunkten, zur Zielgruppe und zur Einrichtung enthalten. Beispiel: Die Förderung der Zahnpflege (*Inhalt*) bei 4- bis 5-jährigen Kindern (*Zielgruppe*) in einer Kindertagesstätte (*Einrichtung*).

Geht es um die Beschreibung und Auswertung einer Aufgabe aus dem Praktikum, sollte das Vorhaben eine Größenordnung haben, das problemlos in der verbleibenden Praktikumszeit durchzuführen ist. Setzen Sie sich für den Bericht feste Arbeitszeiten, die ihrem Lebensrhythmus entsprechen, bauen Sie Zeitreserven für Unvorhergesehenes ein und halten Sie sich an die vorgesehene Planung.

Falls von der schulischen Ausbildungsstätte oder durch die Prüfungsordnungen keine anderen Vorgaben gemacht werden, ergibt sich aus der bewussten Planung und Reflexion der Arbeit oft eine Struktur, die die Grundlage für eine Gliederung der Facharbeit sein kann. Die Gliederung des Themas erfolgt vor der eigentlichen Ausformulierung. Sinnvolle Gliederungspunkte können aus folgenden Strukturelementen abgeleitet werden:

- **Begründung der Wahl des Themas der Facharbeit.**
  Erläutern Sie das Thema und grenzen Sie es näher ein. Ein subjektiver Bezug zum Thema darf gegeben sein (z.B. durch eine besondere eigene Fähigkeit), der Zusammenhang des Themas mit dem Praktikum sollte aber klar werden. Manches Thema ergibt sich aus einer sorgfältigen Bedingungs- oder Situationsanalyse und steht in engem Zusammenhang mit den Interessen oder Bedürfnissen der Kinder oder Jugendlichen.

- **Bedingungs- oder Situationsanalyse**
  Im analytischen Teil betrachten Sie die Bedingungsfaktoren der Arbeit, die Zielgruppe, einzelne Kinder oder eigene Voraussetzungen genauer. Ausgangspunkt können auch Situationen sein, die im Hinblick auf ihre Bedeutung für Kinder/Jugendliche untersucht werden. Zur Beschreibung entwicklungs- oder sozialpsychologischer Ausgangsbedingungen können Erklärungsmodelle aus den Bereichen Pädagogik, Psychologie oder Soziologie herangezogen werden. Sie sollten aber nur Aspekte behandeln, die für das gewählte Thema relevant sind.
- **Sachanalyse**
  In einer Sachanalyse zum Themenschwerpunkt der Arbeit können Sie den Kern einer Theorie, das Wesen der Sache darstellen, die von Bedeutung ist. Auszüge aus Fachliteratur müssen Sie unter Angabe der Quelle als direkte oder indirekte Zitate kenntlich machen.
- **Planung eines Vorhabens**
  Nennen Sie die Zielsetzung des Vorhabens und machen Sie Angaben zur Zielgruppe. Kernpunkte bei der Darstellung einer Planung sind Inhalte, Aufbau/Planungsstruktur (methodischer Verlauf) und Medien/Materialien.
- **Didaktische und methodische Analyse**
  Geht es bei einem Vorhaben mit den Kindern/Jugendlichen um ein bestimmtes Thema, sollten Sie den Inhalt beschreiben, den Hintergrund zusammenfassend näher bestimmen und didaktische Reduktionsentscheidungen erläutern, also das Thema des Vorhabens genauer analysieren. Ausgehend von dem einzelnen Kind oder Jugendlichen oder von der Gruppensituation sollten Sie die gewählten Ziele und Inhalte begründen. Die Zielsetzungen sollten sich aus der Bedingungsanalyse ergeben. Methodische Überlegungen können Sie näher erklären.
- **Reflexion**
  Mögliche Ausgangsfragen der Arbeit werden abschließend überprüft. Sie sollten Ihre Arbeit kritisch beleuchten und eine eigene Positionsbeschreibung vornehmen. Ein Vorhaben kann u. a. hinsichtlich des organisatorischen Rahmens, der Zielsetzung, der Inhalte, Methoden/

Medien und des eigenen Verhaltens untersucht werden. Zur Reflexion gehören auch Schlussfolgerungen oder ein Ausblick auf die künftige Arbeit.

- **Dokumentation**
  Die Möglichkeiten der Dokumentation der Arbeit sind sehr vielfältig. Dokumentieren Sie nur, was einen Bezug zum Thema Ihrer Arbeit hat. Das Praxisgeschehen ist nie vollständig erfassbar, reduzieren Sie das Material bewusst auf aussagekräftige Ausschnitte.

Wesentlich für den Erfolg einer Facharbeit ist, dass die Arbeit „rund" ist. Lassen Sie alles weg, was nicht zum Thema gehört und achten Sie sorgfältig darauf, dass die Teile der Arbeit aufeinander bezogen sind. Denken Sie daran, dass auch die äußere Gestaltung der Arbeit bei einer Bewertung eine Rolle spielt. Bei der sprachlichen Darstellung sollten Sie auf korrekte Fachterminologie und stilistische Klarheit Wert legen.

Praktikumsportfolio

Ein *Portfolio* ist eine zweck- und zielgerichtete *Auswahl eigener Arbeiten*, in welcher die individuellen Bemühungen, Fortschritte und Leistungen in einem oder mehreren Bereichen dargestellt und reflektiert werden. Ein Praktikumsportfolio ist eine Darstellung der Arbeit im Praktikum mit Fokus auf die eigene Kompetenzentwicklung und -erweiterung. Ein Portfolio kann die eigene Lerngeschichte im Praktikum, aber auch Aktivitäten, Beobachtungen, Protokolle, Rückmeldungen durch die Anleiterin oder Reflexionen enthalten.

Die Präsentation

Als *Präsentation* bezeichnet man die *Vorstellung von Arbeitsergebnissen* vor einer Öffentlichkeit. Die Präsentation zum Praktikum findet meistens im Rahmen der Klasse oder des Kurses statt. Positive Erfahrungen werden an andere weitergeben. Überlegen Sie, inwieweit Sie bei Ihrer Arbeit Spuren hinterlassen haben, die für andere sichtbar gemacht werden können.

Vor dem Hintergrund der frisch gemachten Erfahrungen kann die inhaltliche und methodische Arbeitsweise der Einrichtung, z. B. durch eine Ausstellung, auch einem breiteren Publikum vermittelt werden. Die Präsentation von Arbeitsergebnissen aus dem Praktikum kann mit unterschiedlichen Medien unterstützt werden:

- Ausstellung mit Stellwänden
- Schaukasten
- Präsentationsmappe
- Audioaufnahmen
- Fotos oder Filmaufnahmen
- Power-Point-Präsentation.

Sollen Sie nach dem Praktikum Ihre Arbeit präsentieren, müssen Sie daran denken, bereits während des Praktikums besondere Höhepunkte oder auch alltägliche Ausschnitte der Arbeit in Bild/Ton oder im Text festzuhalten. Sichern Sie sich das Einverständnis der abgebildeten Personen zur Veröffentlichung der Bilder. Texte sollten kurz und prägnant formuliert sein, in eine Ausstellung wird das Publikum durch einen Kurzvortrag eingeführt. Sind besondere Produkte aus Ihrer Arbeit im Praktikum hervorgegangen (z. B. Kunstwerke von Kindern oder eine Zeitung aus einem Jugendprojekt), können Sie diese in die Präsentation einbeziehen.

Zusammenfassung

Die **Darstellung der eigenen Arbeit** gehört zum künftigen Beruf. Sie spielt während des gesamten Praktikums eine wichtige Rolle, nicht erst zum Ende hin. In einem **pädagogischen Tagebuch** werden in chronologischer Folge Informationen und Gedanken festgehalten, in einer **Materialmappe** werden im Laufe des Praktikums interessante und brauchbare Vorlagen gesammelt. Eine **Praxisgeschichte** kann Erfahrungen lebendig veranschaulichen. Der **Praxisbericht** beleuchtet möglichst sachlich und objektiv das Arbeitsfeld und die pädagogische Arbeit. In einer **Facharbeit** wird ein bestimmtes Thema oder eine Aufgabe aus dem Praktikum systematisch bearbeitet. Die Einrichtung und eigene Arbeitsergebnisse können im Rahmen einer **Präsentation** vorgestellt werden.

Arbeitshilfe: Beispiel für die Gliederung einer Facharbeit

„Möglichkeiten der Verminderung aggressiven Verhaltens bei Jungen in einer Hortgruppe."

1. Einleitung
2. Situationsanalyse
    - 2.1 Angaben zur Einrichtung
    - 2.2 Soziales Umfeld der Einrichtung
    - 2.3 Die Gruppe
        - 2.3.1 Allgemeine Angaben
        - 2.3.2 Entwicklungsstand einzelner Kinder
        - 2.3.3 Sozialverhalten in der Gruppe
        - 2.3.4 Beobachtungen zu aggressiven Verhaltensweisen
            - 2.3.4.1 Einzelbeobachtungen
            - 2.3.4.2 Auswertung der Beobachtungen
3. Theoretischer Hintergrund
    - 3.1 Aggressionsabbau aus lerntheoretischer Sicht
    - 3.2 Aggressionsabbau aus psychoanalytischer Sicht
    - 3.3 Die Frustrations-Aggressions-Theorie
4. Ziele des Gesamtvorhabens
    - 4.1 Pädagogische Zielsetzungen
    - 4.2 Begründung der Ziele
5. Übersicht der geplanten Aktivitäten
    - 5.1 Tabellarische Übersicht
    - 5.2 Begründung der Inhalte und Methoden
6. Auswertung des Vorhabens
    - 6.1 Beobachtungen
    - 6.2 Interpretation der Beobachtungen
    - 6.3 Konsequenzen für die künftige Arbeit
7. Literaturverzeichnis

Kapitel 10
Die Beurteilung

Das Arbeitszeugnis

Praktikanten, die in einem Ausbildungsverhältnis im Sinne des *Berufsbildungsgesetzes* (BBiG) stehen, haben einen Anspruch auf ein Zeugnis. Minimum ist ein so genanntes einfaches Zeugnis, das die Art und Dauer sowie die Aufgaben und erworbenen Fertigkeiten, Kenntnisse und Fähigkeiten beschreibt. Auf Verlangen sind auch Angaben über Verhalten und Leistung aufzunehmen.

Ein Arbeitszeugnis hat den Zweck, zukünftige Arbeitgeber über die Fähigkeiten eines Bewerbers zu informieren. Es wird vom Träger oder Leiter der Einrichtung ohne Hinzuziehung des Beurteilten ausgestellt. Eine Praktikantin kann allerdings die Arbeitsfelder und Aufgabenbereiche auflisten, in denen sie tätig war, um dem Zeugnisschreiber die Arbeit zu erleichtern.

Ein Arbeitszeugnis unterliegt bestimmten Anforderungen: Es muss sorgfältig erstellt werden und den *Grundsätzen von Wahrheit und wohlwollender Beurteilung* genügen. Während das **einfache Arbeitszeugnis** lediglich eine Bescheinigung über die *Art und Dauer der Beschäftigung*, über die *Aufgaben* und die *erworbenen Fertigkeiten und Kenntnisse* ist, enthält das **qualifizierte Zeugnis** zusätzliche *Aussagen über die Leistung, Führung und besondere fachliche Fähigkeiten* des Mitarbeiters. Über *Schwächen* werden üblicherweise keine direkten Mitteilungen gemacht.

Bei der Gesamtbeurteilung gibt es „Geheimcodes", deren Bedeutung mittlerweile als allgemein bekannt vorausgesetzt werden kann. In Analogie zu Zeugnisnoten werden standardisierte Formulierungen folgenden Zeugnisnoten zugeordnet:

Sie hat die ihr übertragenen Aufgaben ...

... stets zu unserer vollsten Zufriedenheit erledigt. (*Sehr gut*)

... stets zu unserer vollen Zufriedenheit erledigt. (*Gut*)

... zu unserer vollen Zufriedenheit erledigt. (*Befriedigend*)

... zu unserer Zufriedenheit erledigt. (*Ausreichend*)

... im Großen und Ganzen zu unserer Zufriedenheit erledigt (*Mangelhaft*)

... hat sich bemüht, die ihr übertragenen Aufgaben zu unserer Zufriedenheit zu erledigen. (*Ungenügend*)

In einer Schlussformel wünscht man der Praktikantin alles Gute für die weitere berufliche Zukunft, die handschriftliche Unterschrift der zuständigen Leitungskraft darf nicht fehlen.

Die praktikumsbegleitende Beurteilung

Die praktikumsbegleitende Beurteilung hat eine völlig andere Funktion als ein Arbeitszeugnis: Sie ist Grundbestandteil der Anleitung und bedeutet, das Verhalten der Praktikantin auf der Grundlage von Beobachtungen fachlich zu bewerten und sie über ihren *Entwicklungs- und Leistungsstand zu informieren.* Diese Aufgabe kann Schwierigkeiten bereiten, nimmt man doch für das sozialpädagogische Arbeitsfeld eine Sonderrolle innerhalb der Arbeitsgesellschaft in Anspruch. Sozialpädagogische Arbeitsfelder haben für die Klientel oft die Funktion einer Nische, die ein Gegengewicht zu den allzu harten Zwängen des ökonomischen Systems bildet, die Mitarbeiter der Einrichtungen sehen sich dagegen ständig wachsenden Leistungsanforderungen ausgesetzt. Mancher Sozialpädagoge betrachtet daher eine unkritische Orientierung am Leistungsprinzip mit Argwohn.

Eine Anleiterin, die eine Praktikantin beurteilen soll, steht vor der Aufgabe, eine differenzierte Leistungsbeurteilung vornehmen zu müssen. Eine gerechte Beurteilung erfordert ein hohes Maß an Differenzierung. Um darüber befinden zu können, was besonders gelungen ist und wo Probleme erkennbar sind, müssen viele Wahrnehmungen und Beobachtungen herangezogen werden. Das Verhalten der Praktikantin wird in den Anleitungsgesprächen nicht nur gespiegelt, sondern es wird auch kommentiert und gewichtet. Die Beurteilungen sind mit einem „Input“ verbunden, das heißt, die Praktikantin erhält fachliche Hinweise, wie sie ihre Arbeit verbessern kann.

Der Abschluss einer Ausbildungsphase bietet sich als Möglichkeit einer *Zwischenbetrachtung* an, bei der auch die betreuende Lehrkraft beteiligt sein kann. Der Ist-Zustand muss genau beschrieben werden: Wo steht die Praktikantin zurzeit? Bisherige Leistungen sollten bestätigt und positiv verstärkt werden: Welche Ziele sind erreicht worden? Wie wurde die Anleitungssituation erlebt? Welche Anregungen wurden aufgenommen? Welche Fortschritte sind erkennbar? Welche Empfehlungen ergeben sich für die weitere Arbeit?

Beurteilt wird der Entwicklungsfortschritt der Praktikantin. Auch vordergründig persönliche Eigenschaften wie Empathie oder Durchsetzungsvermögen können in geeigneten Lern-, Übungs- und Erfahrungssituationen erworben werden. Die Zwischenbeurteilung orientiert sich an den bisherigen Lernprozessen, nicht am Endergebnis des Praktikums.

Die Abschlussbeurteilung

Zum Ende eines Praktikums erwarten die ausbildenden Schulen von den Praxisstellen in der Regel eine abschließende Beurteilung. Diese „offizielle“ Rückmeldung erfolgt in schriftlicher Form oder durch ein Gespräch, über das ein Protokoll angefertigt wird.

Die Kriterien für diese Beurteilung sind je nach Ausbildungsstand sehr unterschiedlich. Sie sollten frühzeitig offen gelegt und auch der Praktikantin selbst zugänglich gemacht werden. Die Beurteilung enthält Angaben über Art, Dauer und oft auch über Erfolg oder Nicht-Erfolg des abgeleisteten Praktikums. Die Beurteilung als *ausbildungsinternes Dokument* ist ausschließlich für die Schule bestimmt, sie ist nicht für Bewerbungen bei anderen Arbeitgebern gedacht. Es gelten andere Standards als bei einem Arbeitszeugnis.

Die Abschlussbeurteilung gibt den tatsächlichen Entwicklungs- und Leistungsstand der Praktikantin wieder, sie kann neben den Stärken auch Schwächen beinhalten. Die fachliche Beurteilung erfolgt anders als beim Arbeitszeugnis nicht durch die Leitung der Einrichtung, sondern durch die Anleiterin. Sie sollte nicht für Bewerbungen verwendet werden.

Die Schulen geben den Praxisstellen oft Beurteilungsbogen an die Hand, in denen Beurteilungskriterien aufgelistet sind. Einige bevorzugen eher geschlossene Formen der Beurteilung, andere geben lediglich Bereiche vor, die beurteilt werden sollen.

Arbeitsfeld Kindergarten

Sprachverhalten	**Ja**	**Teilweise**	**Nein**
Deutliche Aussprache			
Angemessene Lautstärke			
Differenziertes Ausdrucksvermögen			
Angemessene Wortwahl			

Vorgegebene Raster geben Orientierung, sind zeitsparend und machen Leistung vergleichbar. Sie machen Einzelaspekte sichtbar, engen aber auch ein: Ein „Abhaken“ wird der individuellen Leistung selten gerecht. Geschlossene Formen der Beurteilung sollten daher durch eine freie Beurteilung ergänzt werden.

Die abschließende Beurteilung bereitet häufig mehr Probleme als die ausbildungsbegleitende Beurteilung, da sie eine formalisierte Festlegung bedeutet, die zwar in erster Linie für die Praktikantin bestimmt ist, die aber auch einen Kontrollmechanismus darstellt, der die Erreichung vorgegebener Ausbildungsziele sicherstellen soll. Viele Ausbildungsvereinbarungen und Richtlinien sehen in dem erfolgreich absolvierten Praktikum eine notwendige Voraussetzung für den Abschluss des Ausbildungsgangs oder schreiben das Praktikum für die Zulassung zu einer Prüfung vor.

Haben Sie als Anleiterin mit der Praktikantin regelmäßig Anleitungsgespräche geführt und sich Notizen dazu gemacht, ist die Praktikantin nicht auf die Abschlussbeurteilung fixiert, sondern kann darin eine *Zusammenfassung der bisherigen Rückmeldungen* sehen.

Weicht die Selbsteinschätzung der Praktikantin an bestimmten Punkten von Ihrer Einschätzung ab, sollten Sie über konkrete Beobachtungen ins Gespräch kommen. Würdigen Sie die Forschritte und Leistungen der Praktikantin, machen Sie aber auch Fehler deutlich. Ziehen Sie für die abschließende Beurteilung zusätzliche Informationen hinzu, indem Sie z. B. andere Teamkollegen zur Zusammenarbeit mit der Praktikantin befragen. Vermeiden Sie Pauschalisierungen (*„Sie haben eine nette Art mit den Kindern umzugehen“*), indem Sie Situationen beschreiben, in denen Ihnen besondere Verhaltensweisen aufgefallen sind. Es geht um eine differenzierte Darstellung des Gesamteindrucks.

Auch wenn die Abgabe einer schriftlichen Beurteilung erst später erfolgen muss, sollte es zum Ende des Praktikums immer ein abschließendes Gespräch geben, in dem es um die Beurteilung der Entwicklung der Praktikantin geht. Wird die festlegende Beurteilung als gemeinsamer Prozess betrachtet, an dem Anleiterin, Lehrkraft und Praktikantin beteiligt sind, ist die günstigste Voraussetzung dafür geschaffen, dass es zu einem Ergebnis kommt, das von allen akzeptiert werden kann.

Eine faire und realistische Beurteilung gibt den tatsächlichen Leistungsstand der Praktikantin wieder. Sie sollte gerecht sein und sich an den zuvor festgelegten Kriterien und an den vereinbarten Zielen orientieren. Sie ist für die Praktikantin einsichtig, wenn die Gründe für die Bewertung offen gelegt werden. Die individuelle Mühe und der Fortschritt der Praktikantin sind wichtig, aber auch das Ausbildungsziel selbst darf nicht aus den Augen verloren werden.

Selbsteinschätzung und Fremdeinschätzung können thematisiert werden, indem Praktikantin und Anleiterin einen vorliegenden Beurteilungsbogen getrennt ausfüllen und die Ergebnisse miteinander vergleichen. Die Einschätzungen werden durch Beobachtungen und Erfahrungen belegt.

Geben Sie der Praktikantin grundsätzlich die Möglichkeit einer Stellungnahme. Hören Sie sich Einwände gelassen an und fordern Sie Begründungen ein. Fragen Sie die Praktikantin, wie sie die Praxiszeit und die Anleitung abschließend bewertet.

Bei Schulpraktikantinnen ist häufig die betreuende Lehrkraft für die Erteilung der Note verantwortlich. Die Beurteilung durch die Praxisstelle muss bei der Vergabe der Note berücksichtigt werden. Da die Anleiterin die Praktikantin direkt erlebt hat, sollte ihrer Einschätzung bei der Beurteilung entscheidendes Gewicht zukommen.

Eine Benotung des Praktikums innerhalb der schulischen Notenskala ist problematisch, da sie den Vergleich mit den Leistungen anderer Praktikantinnen voraussetzt. Häufig wird dieses Problem vermieden, indem lediglich festgestellt wird, ob das Praktikum mit oder ohne Erfolg abgeleistet wurde.

Nicht weniger problematisch als das Erteilen schulischer Noten ist die Beurteilung der Eignung bzw. Nicht-Eignung einer Praktikantin für den angestrebten Beruf. Fundierte Aussagen können nur über den gegenwärtigen Leistungsstand gemacht werden. Werden Probleme in der Persönlichkeit der Praktikantin gesehen, müssen die Verhaltensweisen klar genannt werden, die sich ungünstig auf den Arbeitsalltag auswirken. Da jeder Mensch Veränderungspotenziale in sich trägt, sollte man Prognosen nur mit Zurückhaltung wagen. Haben Sie begründete Zweifel an der gegenwärtigen Eignung der Praktikantin für das gewählte Arbeitsfeld, sollten Sie diese jedoch klar äußern und im gemeinsamen Gespräch eventuell nach beruflichen Alternativen Ausschau halten.

⊙ Zusammenfassung

Ein **Arbeitszeugnis** ist für künftige Arbeitgeber bestimmt, es wird von der Leitung der Einrichtung ausgestellt und muss dem Grundsatz nach wohlwollend und wahrhaftig sein. Über Schwächen der Praktikantin werden keine direkten Aussagen gemacht. Die **praktikumsbegleitende Beurteilung** durch die Anleiterin hat dagegen den Zweck, die Praktikantin über ihren tatsächlichen Entwicklungs- und Leistungsstand zu informieren. Sie geschieht während des gesamten Praktikums und ist mit konkreten Verbesserungsvorschlägen verbunden. Die **Abschlussbeurteilung** ist an die ausbildende Schule gerichtet. Sie ist eine Zusammenfassung der praktikumsbegleitenden Rückmeldungen. In einem Abschlussgespräch sollte die Entwicklung der Praktikantin rückblickend betrachtet werden.

Arbeitshilfe: Kriterien zur Beurteilung von Praktikantinnen

Die Beurteilung einer Praktikantin muss auf die Aufgaben der Praktikantin und auf den Ausbildungsplan abgestimmt werden. Der Grad der Aufgabenerfüllung muss deutlich werden. Die hier aufgeführten Aspekte sind notwendigerweise unvollständig und lediglich als Anregung zu sehen.

- **Arbeitsbereitschaft und berufliche Motivation**
  Pünktlich, verbindlich, sorgfältig, fleißig, ausdauernd sein; Engagement zeigen; höfliche Umgangsformen beherrschen, Interesse und Lernbereitschaft deutlich machen; anfallende Arbeiten übernehmen; sich flexibel in Arbeitsbereiche einarbeiten, sich in schwierigen Situationen belastbar zeigen; auf Schwierigkeiten eingehen können, problemlösendes Verhalten zeigen, Berufsverantwortung zeigen ...
- **Verhalten gegenüber Kindern/Jugendlichen**
  Kontakt herstellen, Beziehungen aufbauen; Situationen, Interessen, Bedürfnisse berücksichtigen; empathisches, anerkennendes und wertschätzendes Verhalten zeigen; konsequent sein, Grenzen setzen, Distanz herstellen; sich um Vorbildhaltung bemühen; sprachlich angemessen reagieren ...
- **Planung, Durchführung und Auswertung von Vorhaben**
  Eigene Beobachtungen mitteilen; Vorabsprachen treffen; Aktivitäten rechtzeitig vorbereiten; planerische Kompetenz bei der pädagogisch/didaktischen Arbeit mit Einzelnen und mit Gruppen zeigen; sinnvolle Handlungsstrategien entwickeln, sorgfältig Pläne erstellen, differenzierte Ziele entwickeln, Inhalte begründen; Ideenreichtum, Fantasie und Kreativität zeigen; Vorhaben angemessen strukturieren, auf Methodenvielfalt achten, sinnvolle Teilschritte festlegen; sorgfältig mit Material und Medien umgehen ...

- **Gruppenführung**
  Übersicht zeigen; mit Teilgruppen und Großgruppen arbeiten; Gruppenprozesse wahrnehmen, von den Gruppenmitgliedern in der Rolle akzeptiert werden; die Gruppe anleiten, Gruppenmitglieder integrieren; Selbstständigkeit der Gruppenmitglieder fördern; Tagesabläufe mitgestalten ...
- **Teamfähigkeit**
  Regeln und Absprachen einhalten, Anleitung annehmen; sich freundlich, aufgeschlossen, kooperationsfähig zeigen, sich mit anderen austauschen, Vorschläge machen; sich in Teamgespräche einbringen ...
- **Selbstständigkeit**
  Übertragene Aufgaben selbstständig ausführen; eigene Ideen, Vorstellungen entwickeln und in die Praxis umsetzen; verantwortlich handeln; sich auf Unvorhergesehenes einstellen ...
- **Reflexionsfähigkeit**
  Eigenes Handeln erklären und Handeln begründen, Fragen stellen; Bereitschaft zum Austausch und zur Kritik zeigen, Vorschläge prüfen und umsetzen; eigene Stärken und Schwächen einschätzen, Überzeugungen und Werthaltungen deutlich machen; sich mit der Berufsmotivation und Berufsrolle auseinander setzen, eigene Einstellungen und eigenes Handeln überprüfen; Gelerntes auf neue Situationen übertragen ...

Arbeitshilfe: Möglicher Verlauf eines Abschlussgespräches in einem Praktikum für angehende Erzieherinnen

Das Gespräch findet zum Ende des Praktikums statt. Beteiligt sind Praktikantin, Anleiterin und betreuende Lehrkraft.

1. Verständigung über die Ziele des Gesprächs

2. Rückblick auf die Praxiswochen (Praktikantin)

a) Erhebung äußerer Daten (Dienstzeiten, Krankheit, Gesamtarbeitszeit ...)
b) Reflexion persönlicher Erfahrungen (erwartete – unerwartete Situationen, Schwerpunkte, Stärken, Schwächen, Impulse für weitere Lernprozesse ...)
c) Darstellung der Bewältigung der im Ausbildungsplan festgelegten Entwicklungsaufgaben, Rückblick auf die eigene Entwicklung in unterschiedlichen Arbeitsbereichen (vgl. Kap. 5), ggf. Präsentation von Projektergebnissen
d) Einschätzung, ob die im Erstgespräch genannten Zielsetzungen erreicht wurden, Einschätzung der persönlichen Eignung für die Arbeit mit der Zielgruppe

3. Beurteilung

a) Beurteilung der Arbeit der Praktikantin anhand festgelegter Beurteilungskriterien durch die Anleiterin
b) Einschätzung durch die Anleitung, ob die im Erstgespräch genannten Zielsetzungen erreicht wurden
c) Stellungnahme der Praktikantin

4. Ausblick

a) Anregungen der Praktikantin, der Anleiterin und der Lehrkraft für den weiteren Verlauf der Ausbildung (Arbeitsfeld, Zielgruppe, Einrichtungsart, inhaltliche Schwerpunkte)
b) Absprachen der Lehrkraft mit der Praktikantin (z. B. über Berichte, Dokumentationen ...)

Kapitel 11
Rechtliche Grundlagen

Die Rechtsstellung von Praktikantinnen

Praktikantinnen werden aufgenommen, damit sie berufliche Kenntnisse, Fertigkeiten oder Erfahrungen erwerben, die sie im Rahmen ihrer Ausbildung nachweisen müssen. Ihr Status ist ein anderer als der von Auszubildenden, die innerhalb des dualen Systems in Betrieben tätig sind. Sozialpädagogische Berufe werden in der Regel in Vollzeit-Ausbildungsgängen an Berufsfachschulen, Fachschulen, Fachhochschulen oder Universitäten erlernt. Die *Ausbildungsordnungen* der einzelnen Bundesländer oder die *Studienordnung* für den jeweiligen Studiengang geben die wesentlichen Rahmenbedingungen vor.

Schulpraktikantinnen werden nicht als Arbeitnehmer gesehen, da sie nicht in den Betrieb eingegliedert sind und keine abhängige Arbeit leisten. Sie gelten als Hospitanten. Rechtlich ist das Praktikum dann eine schulische Veranstaltung. Grundlage sind die Schulgesetze der Länder und die landesrechtlichen Bestimmungen für die Berufsfach-, Fach- und Hochschulen. Bei Berufserkundungspraktika und bei der fachpraktischen Ausbildung von angehenden Erzieherinnen handelt es sich ebenfalls um Schulveranstaltungen im Sinne der Schulgesetze der Länder, dementsprechend sind die Schülerinnen im Rahmen ihres Praktikums haftpflicht- und unfallversichert.

In einigen Bundesländern muss ein *Berufspraktikum* abgeleistet werden, z.B. um nach der eigentlichen schulischen Ausbildung die staatliche Anerkennung als „Erzieher/Erzieherin“ zu erhalten oder um nach der theoretischen Prüfung einen weiteren „fachpraktischen Ausbildungsabschnitt“ zu absolvieren.

Berufspraktika werden als Ausbildungsverhältnis im Sinne des *Berufsbildungsgesetzes* gesehen, aus dem sich eine Reihe von Rechten und Pflichten ableiten lassen. Auf die schriftliche Vertragsniederschrift kann zwar verzichtet werden, da es sich um ein „anderes Vertragsverhältnis“ (§ 26 BBiG) handelt, die Berufspraktikantin sollte jedoch darauf achten, dass sie möglichst einen schriftlichen Vertrag erhält. Der Vertrag zwischen Träger und Erzieherpraktikantin beinhaltet die wechselseitigen Verpflichtungen und den Inhalt der Ausbildung. Wichtig sind u. a. Aussagen zu

- Beginn und Dauer der Ausbildung
- Tägliche Arbeitszeit
- Probezeit und Kündigung
- Zahlung und Höhe der Vergütung
- Urlaub.

Berufspraktikantinnen sind „Mitarbeiterinnen auf Zeit“, das Praktikum findet jedoch unter Anleitung und Aufsicht statt und wird von der Schule betreut. Die vom Arbeitgeber mit der Ausbildung beauftragte Person hat ein Weisungsrecht, sie ist der Praktikantin direkt vorgesetzt.

Die Praktikantin ist verpflichtet, die ihr aufgetragenen Aufgaben sorgfältig auszuführen und ihr müssen Aufgaben gestellt werden, die unmittelbar der Ausbildung förderlich sind. Sie müssen unter fachlicher Anleitung gegeben und überprüft werden. Ausbildungsfremde Anweisungen sind unzulässig. Für die Teilnahme an Veranstaltungen der ausbildenden Schule ist die Praktikantin freizustellen. Andere Praktika orientieren sich in diesem und in anderen Punkten an diesen Vorgaben.

Auch wenn der Ausbildungszweck im Vordergrund steht und Berufspraktikantinnen keine Arbeitskraft ersetzen sollten, werden sie bei einigen Arbeitgebern in die Stellenplanung einbezogen. Ihre Verträge machen deutlich, dass es sich um reguläre Arbeitsverhältnisse handelt, da Stellenbeschreibung, Arbeitszeiten, Kündigung und Vergütung geklärt werden. Berufspraktikanten sind sozialversicherungspflichtig (SGB V § 5).

Inzwischen sind die meisten sozialpädagogischen Praktika in die jeweiligen Ausbildungsgänge integriert, d. h. die Praktikantin bleibt während des Praktikums rechtlich weiterhin Schülerin oder Studierende.

Eine Ausnahme bildet das *Vorpraktikum*. Die Ausbildungsordnungen sehen in der Regel Praktika *innerhalb* der Ausbildung vor, nicht vor der Ausbildung. Ein Vorpraktikum dient aber gelegentlich zur Überbrückung der Wartezeit auf einen Schul- oder Studienplatz. Gibt es mehr Bewerber als

Schulplätze, kann es bei manchen sozialpädagogischen Ausbildungsstätten auch die Chancen verbessern, einen Ausbildungsplatz zu erhalten. Eine klare arbeitsrechtliche Einbindung der Vorpraktikantinnen gibt es nicht. Bei freiwilligen Praktika handelt es sich um ein Rechtsverhältnis, bei dem nicht die Arbeitsleistung, sondern der Erwerb beruflicher Kenntnisse, Fertigkeiten oder Erfahrungen im Vordergrund steht, ohne dass es sich um eine Berufsausbildung nach dem Berufsbildungsgesetz handelt. Von einigen Arbeitgebern werden Vorpraktikantinnen mit Auszubildenden verglichen, mit denen am BBiG orientierte Verträge vereinbart werden. Nicht vorgeschriebene Vorpraktika führen grundsätzlich zur Versicherungspflicht als Arbeitnehmer in allen Sozialversicherungszweigen. In der Rentenversicherung besteht für nicht vorgeschriebene Zwischenpraktika Versicherungsfreiheit, wenn kein Entgelt gewährt wird oder das Entgelt einen festgelegten Betrag im Monat nicht übersteigt.

Empfehlenswert ist auch hier ein **Praktikumsvertrag**, der folgende Angaben enthalten sollte:

- Name und Anschrift der Vertragsparteien
- Beginn und Dauer des Praktikumsverhältnisses
- Ort des Praktikums
- Beschreibung des Tätigkeitsfeldes, Ablauf und Inhalt des Praktikums
- Höhe und Zusammensetzung der Vergütung
- Arbeitszeiten, Urlaub
- Kündigungsfristen
- Hinweise auf Betriebsvereinbarungen oder Tarifverträge, die auf das Praktikum anzuwenden sind.

Freiwillige Praktika sollten nicht länger als 3 Monate dauern. Wenn ein Praktikum einen regulären Arbeitsplatz ersetzt, kann der Tatbestand des „Lohnwuchers“ vorliegen, es besteht dann der Anspruch auf den üblichen Lohn.

Wird das Vorpraktikum als Teil der schulischen Ausbildung organisiert, entfallen Rechte, die sich aus einem Ausbildungs- oder Arbeitsverhältnis ergeben würden. Es besteht z. B. kein Anrecht auf eine Vergütung.

Übertragung der Aufsichtspflicht

Die Haftung bei Aufsichtspflicht über Minderjährige ist im Bürgerlichen Gesetzbuch geregelt (§ 832 BGB). Der Träger hat die Aufsichtspflicht von den Personensorgeberechtigten und die sozialpädagogische Fachkraft wiederum vom Träger übertragen bekommen. Man kann im Allgemeinen von einem stillschweigenden Einverständnis der Personensorgeberechtigten mit der Weiterübertragung der Aufsichtspflicht auf andere, generell geeignete Personen ausgehen. Überträgt jemand die Aufsichtspflicht auf eine Institution, muss er wissen, dass Institutionen sich zur Erfüllung der Aufsichtspflicht verschiedener Einzelpersonen bedienen. Vom stillschweigenden Einverständnis der Personensorgeberechtigten zur Delegation der Aufsichtspflicht kann man daher auch bei der Übertragung der Aufsichtspflicht auf Praktikantinnen ausgehen. Dies entlastet aber nicht die Übertragende von ihrer haftungsrechtlichen Verantwortlichkeit, wenn sie eine völlig unerfahrene Praktikantin auswählt oder die Praktikantin nicht hinreichend angeleitet hat. Die konkrete Eignung der Praktikantin ist also von der Übertragenden, das ist normalerweise die Anleiterin, sorgfältig zu prüfen.

Inwieweit der Praktikantin im Rahmen der Aufsichtspflicht Aufgaben übertragen werden können, hängt unter anderem davon ab, welche Vorerfahrungen sie hat, wie lange sie bereits in der Einrichtung mitarbeitet und ob sie die Kinder kennt und deren Verhalten einschätzen kann. Je besser die neue Praktikantin eingearbeitet wird, desto mehr Verantwortung kann sie übernehmen.

Arbeitszeit

Im Bereich des öffentlichen Dienstes gibt es Tarifverträge, die die Arbeitsbedingungen von Praktikantinnen regeln (TVöD). Sie betreffen z. B. Erzieherinnen oder Sozialpädagoginnen, die nach ihrer Schul- oder Hochschulausbildung ein Praktikum zur staatlichen Anerkennung ableisten müssen. Die wöchentliche und die tägliche Arbeitszeit richten sich nach den Bestimmungen, die auch für die anderen bei dem Arbeitgeber tätigen Angestellten gelten.

Für Schulpraktikantinnen gibt es keine tariflichen Vereinbarungen. Soll die Arbeitszeit der Schulpraktikantinnen der der anderen Mitarbeiter entsprechen, sind die Bestimmungen des Jugendarbeitsschutzgesetzes zu beachten. Die tägliche Arbeitszeit darf für Jugendliche acht Stunden, bei wöchentlicher Berechnung 40 Stunden nicht übersteigen (§ 8 JArbSchG). Nimmt eine unter 18-jährige Praktikantin an Sommerfesten oder Elternabenden teil, muss ihr am selben Tag ein Ausgleich gewährt werden, so dass die tägliche Arbeitszeit 8 Stunden nicht übersteigt. Ein Berufsschultag zählt als Arbeitstag, wenn mindestens fünf Stunden Unterricht stattfinden (§ 9 JArbSchG). Die Arbeitszeit ist für Jugendliche nach spätestens viereinhalb Stunden durch eine Ruhepause von mindestens 15 Minuten zu unterbrechen. Die Länge der Pausen muss bei sechs- bis achtstündiger Arbeitszeit insgesamt mindestens 60 Minuten, bei viereinhalb- bis sechsstündiger Arbeitszeit mindestens 30 Minuten betragen (§ 11 JarbSchG). Pausen sind laut Arbeitszeitgesetz nicht Bestandteil der Arbeitszeit (§ 2 Abs. 1 ArbZG).

Vergütung

Wie für die Arbeitszeit gilt auch für die Vergütung: Einen tarifrechtlich abgesicherten Anspruch gibt es bisher nur für Berufspraktikantinnen. Der Tarifvertrag über die Vergütung für Praktikantinnen/Praktikanten des Öffentlichen Dienstes (TVPÖD) ist die Basisregelung, in der der aktuelle Anspruch auf Vergütung geregelt wird.

Schulpraktikantinnen haben keinen Rechtsanspruch auf eine Vergütung. Manche Einrichtungen zahlen allerdings ein „Anerkennungshonorar" oder erstatten Fahrtkosten. Eine Praktikantenvergütung kann freiwillig unter Beachtung der sozialversicherungsrechtlichen Regelungen vereinbart werden. Praktikantinnen, die als Schülerinnen gelten, sind berechtigt, Förderung nach dem Bundesausbildungsförderungsgesetz (BAföG) zu beziehen, falls die entsprechenden Voraussetzungen vorliegen.

Haftung

Bei Unfällen in Betrieben sind die jeweiligen Berufsgenossenschaften Ansprechpartner. Schulpraktikantinnen sind während des Praktikums wie in der Schule versichert. Bei einem Unfall sollte bei der Schule eine Unfallanzeige zur Weiterleitung an die Unfallkasse abgegeben werden. Für Schäden, die dem Betrieb während des Praktikums durch den Schüler entstehen, besteht in der Regel kein schulischer Versicherungsschutz.

Schweigepflicht

Öffentliche Arbeitgeber verlangen in verschiedenen Punkten Verschwiegenheit von ihren Mitarbeitern. Staatlich anerkannte Sozialpädagogen und Personen, die bei ihnen zur Vorbereitung auf einen Beruf tätig sind, gehören zu Personengruppen, die laut Strafgesetzbuch in besonderer Weise zur Wahrung der Vertraulichkeit des Wortes und zur Verschwiegenheit verpflichtet sind (§§ 201-204 StGB).

Bei Behörden oder bei sonstigen Stellen, die Aufgaben der öffentlichen Verwaltung wahrnehmen, werden Mitarbeiterinnen und Praktikantinnen manchmal förmlich zur Verschwiegenheit verpflichtet (Verpflichtungsgesetz), dazu gehören z. T. auch Erzieherinnen in kommunalen Kindertagesstätten. Die Verpflichtung wird mündlich vorgenommen, es wird eine Niederschrift dazu angefertigt, die der Verpflichtete mit unterzeichnet. Durch diesen Vorgang soll sichergestellt werden, dass auch Personen, die keine Amtsträger sind, sich unbestechlich zeigen und keinen Geheimnisverrat begehen.

Arbeitsrechtlich umfasst die Verschwiegenheitspflicht alle Tatsachen, welche im Zusammenhang mit dem Betrieb stehen, nicht offenkundig sind und entweder nach dem Willen des Arbeitgebers oder aus berechtigtem wirtschaftlichem Interesse heraus geheim zu halten sind. Es besteht ein großer Interpretationsspielraum, für welche Bereiche die Schweigepflicht gelten soll. Anders als in Wirtschaftsbetrieben gibt es in sozialpädagogischen Einrichtungen keine Produkte, auf die sich Betriebs- oder Geschäftsgeheimnisse beziehen könnten. Praktikantinnen sollten daher vom Arbeitgeber darauf hingewiesen werden, dass besonders die Weitergabe von Sozialdaten untersagt ist. Persönliche Belange der betreuten Kinder und Jugendlichen sowie der Mitarbeiterinnen dürfen aus Gründen des Persönlichkeitsschutzes nicht nach außen getragen werden.

Datenschutz

Der Schutz von Sozialdaten wird im 4. Kapitel des Kinder- und Jugendhilfegesetzes (SGB VIII) geregelt. Personenbezogene Daten, die im Rahmen der öffentlichen Jugendhilfe erhoben und verwendet werden, sind Sozialdaten. Personenbezogene Daten sind z. B. Name, Anschrift, Geburtsdatum, Geschlecht, Familienstand, Kinderzahl, Arbeitgeber, Einkommen oder Schulden. In Berichten, die für die Ausbildungsstelle bestimmt sind, müssen personenbezogene Daten anonymisiert werden, sodass keine Rückschlüsse auf tatsächliche Personen möglich sind.

In der persönlichen und erzieherischen Hilfe gilt ein besonderer Vertrauensschutz: Personenbezogene Daten, die zum Zwecke persönlicher und erzieherischer Hilfe im Zusammenhang mit einer Erziehungs-, Betreuungs- und Beratungstätigkeit anvertraut wurden, dürfen nur mit der Einwilligung dessen weitergegeben werden, der die Daten anvertraut hat (§ 65 SGB VIII). Als anvertraut gilt im Allgemeinen das, was im Vertrauen auf die Verschwiegenheit gesagt worden ist.

Infektionsschutz

Für Personen, die in Gemeinschaftseinrichtungen in der Betreuung von Kindern und Jugendlichen tätig sind und dort Lehr-, Erziehungs-, Pflege-, Aufsichts- oder sonstige regelmäßige Tätigkeiten ausüben und Kontakt mit den dort Betreuten haben, ist laut Infektionsschutzgesetz eine Belehrung durchzuführen (IfSG §§ 33–35). Die Belehrung über die gesundheitlichen Anforderungen und Mitwirkungsverpflichtungen ist vor erstmaliger Aufnahme der Tätigkeit und im Weiteren mindestens im Abstand von zwei Jahren durchzuführen. Über die Belehrung muss ein Protokoll angefertigt werden.

⊙ Zusammenfassung

Praktika finden unter Anleitung und Aufsicht statt, die Aufgaben müssen der Ausbildung unmittelbar förderlich sein. Vor der **Übertragung der Aufsichtspflicht** ist die Eignung der Praktikantin genau zu prüfen. Die Festsetzung der Arbeitszeit für Jugendliche geschieht auf der Grundlage des **Jugendarbeitsschutzgesetzes**. Praktikantinnen sollten auf die **Schweigepflicht**, auf die Anforderungen des **Infektionsschutzes** und auf die Erfordernisse des **Datenschutzes** hingewiesen werden.

Literaturverzeichnis

Bernitzke, F.: Theorie trifft Praxis. Handlungskompetenz im sozialpädagogischen Berufspraktikum. Verlag C.H. Beck, Haan-Gruiten 2010.

Dahrendorf, R.: Homo Soziologicus. Ein Versuch zur Geschichte, Bedeutung und Kritik der sozialen Rolle. Verlag für Sozialwissenschaften, Wiesbaden 2010.

Deutsches Jugendinstitut e.V. (Hrsg.): Frühe Bildung – Bedeutung und Aufgaben der pädagogischen Fachkraft. Grundlagen für die kompetenzorientierte Weiterbildung. München 2011.

Ellermann, W.: Bildungsarbeit im Kindergarten erfolgreich planen. Cornelsen Schulverlage, Berlin 2013.

Ellermann, W. (Hrsg.): Recht und Organisation. Kompaktwissen für Erzieherinnen und Erzieher. Handwerk und Technik, Hamburg 2013.

Frey, K.: Die Projektmethode. Der Weg zum bildenden Tun. Beltz, Weinheim, Basel 2012.

Krohn, F.: Grundwissen Didaktik. UTB, Stuttgart 2008.

Martin, E.: Didaktik der sozialpädagogischen Arbeit. Probleme, Möglichkeiten und Qualität sozialpädagogischen Handelns. Beltz, Weinheim 2005.

Schulz von Thun, F.: Miteinander reden. Bd. 1-3. Rowohlt, Reinbek b.H. 2008.

Textor, M.: Projektarbeit im Kindergarten. Planung, Durchführung, Nachbereitung. Books on Demand, Norderstedt 2012.

Thiesen, P.: Das Survivalbuch für Erzieherinnen. Den Berufsalltag erfolgreich bestehen. Lambertus, Freiburg i.B. 2010.

Thiesen, P.: Die gezielte Beschäftigung im Kindergarten. Lambertus, Freiburg i.B. 2010.